JIUYE YU CHUANGYE ZHIDAO

就业与创业指导

（第四版）

主　编　黄才华　詹跃勇

副主编　黄　卓　邰葆清

参　编　侯同江　周前进　王仁伟　马晓慧　卢永刚

　　　　贾　杏　黄才贵　曹　源　王　景　龚向哲

　　　　张曼平　王　晨　韩东林　徐　杰　孔祥坤

中国教育出版传媒集团

高等教育出版社·北京

内容提要

本书是在第三版的基础上修订而成的。

本书的内容涵盖了就业与创业过程的方方面面，以生动明晰的讲述，引导广大学生树立正确的就业创业观念，掌握必要的就业创业技能，并增强就业创业素质。在栏目安排上，本书设计了学习指南、案例、拓展链接、思考与讨论等多样化的栏目，融理论性与实践性于一体。本书是新形态教材，以二维码形式链接了拓展资源，方便师生获取。

本书适合作为高等院校公共基础课教材，也可以作为职场人士提高就业与创业能力的参考书。

图书在版编目（CIP）数据

就业与创业指导 / 黄才华, 詹跃勇主编. —4版
. —北京 : 高等教育出版社, 2024.8
ISBN 978-7-04-062277-5

Ⅰ.①就… Ⅱ.①黄… ②詹… Ⅲ.①大学生－职业选择－高等职业教育－教材 Ⅳ.①G647.38

中国国家版本馆CIP数据核字（2024）第107869号

策划编辑 周静研　责任编辑 周静研　封面设计 张文豪　责任印制 高忠富

出版发行	高等教育出版社	网　　址	http: // www. hep. edu. cn
社　　址	北京市西城区德外大街4号		http: // www. hep. com. cn
邮政编码	100120	网上订购	http: // www. hepmall. com. cn
印　　刷	上海新艺印刷有限公司		http: // www. hepmall. com
开　　本	787 mm × 1092 mm　1/16		http: // www. hepmall. cn
印　　张	13.25	版　　次	2024年8月第4版
字　　数	294千字		2013年1月第1版
购书热线	010 - 58581118	印　　次	2024年8月第1次印刷
咨询电话	400 - 810 - 0598	定　　价	46.00元

本书如有缺页、倒页、脱页等质量问题，请到所购图书销售部门联系调换

版权所有　侵权必究
物 料 号　62277 - 00

前言

就业是最大的民生工程、民心工程、根基工程。党的二十大报告强调：实施就业优先战略，促进高质量充分就业。这是党中央牢牢把握我国发展的阶段性特征，对就业工作做出的重大战略部署。促进高质量充分就业是推动经济高质量发展的内在要求，是提高人民生活品质的根本举措，是适应我国人口高质量发展的必然选择。

习近平总书记多次做出重要指示、批示，强调落实落细就业优先政策，把促进青年，特别是高校毕业生的就业工作摆在更加突出的位置。一方面，我国经济已由高速增长阶段转向高质量发展阶段，以国内大循环为主体、国内国际双循环相互促进的新发展格局加快构建，新一轮科技革命和产业变革深入发展，新型城镇化、乡村振兴孕育巨大发展潜力，为高校毕业生就业创造了良好条件；另一方面，产业转型升级、技术进步对劳动者的技术技能素质提出了更高要求，结构性就业矛盾成为就业领域主要矛盾，高校毕业生等重点群体就业任务艰巨，就业形势仍较严峻。我们必须深刻认识高校毕业生就业面临的新形势、新挑战，强化择业就业观念引导，做实做细就业指导服务，推动高校毕业生高质量充分就业。

基于就业形势呈现出的新变化、新特征和高校毕业生的新需求，我们对本书进行了较大幅度的修订，压缩了理论阐述，增加了实践案例，力求使理论更加系统、内容更加实用、案例更加生动，不断增强教材的科学性、针对性和实用性。本次修订在内容和形式上突出以下三个特点：一是把牢政治方向，坚持把习近平新时代中国特色社会主义思想，特别是习近平总书记关于立德树人的重要论述等贯穿教材始终，注重培养学生的劳模精神、劳动精神和工匠精神；二是采用项目-任务式体例，把学科知识规律与学生认知发展规律、教师教学规律紧密结合起来，增强教材的系统性和实效性；三是注重提升能力，通过解读就业创业相关政策、剖析典型案例、开展活动训练等激发学生的学习兴趣，提升学生的实操能力。

　　本书从高校毕业生就业创业的实际需求出发,旨在科学、全面、系统地指导毕业生就业创业,具有较强的科学性、指导性和实用性,不仅是高校开展就业与创业指导教学工作的好教材,而且是广大求职创业人员的好指南。

　　本书由黄才华、詹跃勇任主编,黄卓、邵葆清任副主编,侯同江、周前进、王仁伟、马晓慧、卢永刚、贾杏、黄才贵、曹源、王景、龚向哲、张曼平、王晨、韩东林、徐杰、孔祥坤参加了编写工作。本书的体系结构由黄才华设计和策划。黄才华提出了本书编写指导思想,拟定了编写提纲,并进行了统稿和审定。詹跃勇、黄卓协助黄才华进行了统稿和审定。

　　在本书的编写过程中,我们借鉴了有关专家、学者的专著、教材和文章,谨对作者表示衷心感谢! 由于编写人员水平有限,书中缺点、疏漏在所难免,诚恳希望读者批评指正。

编　者

目 录
CONTENTS

001 项目一
就业准备——机遇只青睐有准备的人

任务一　认知就业形势与政策…………………………………………………003

任务二　认知职业世界…………………………………………………………012

任务三　认知自我………………………………………………………………025

任务四　进行职业定位…………………………………………………………046

055 项目二
就业指导——适合你的才是最好的

任务一　做好求职准备…………………………………………………………057

任务二　掌握面试方法…………………………………………………………068

任务三　把握就业程序…………………………………………………………075

089 项目三
职业素养——扣好人生的第一粒扣子

任务一　培养职业品质…………………………………………………………091

任务二　学会自我管理…………………………………………………………102

111 项目四
职业发展——打好人生"前三板"

任务一　主动适应职场 …………………………………………………… 113
任务二　促进职业发展 …………………………………………………… 122
任务三　保护就业权益 …………………………………………………… 134

141 项目五
创新创业——创新是国家兴旺发达的不竭动力

任务一　掌握创新思维和方法 …………………………………………… 143
任务二　树立创业理想 …………………………………………………… 152
任务三　选择创业机会 …………………………………………………… 158
任务四　打造创业团队 …………………………………………………… 169

175 项目六
创业实践——只有跳进水里才能学会游泳

任务一　进行创业项目展示 ……………………………………………… 177
任务二　经营初创企业 …………………………………………………… 187
任务三　防范创业风险 …………………………………………………… 196

201 主要参考文献

项目一

就业准备
——机遇只青睐有准备的人

任务一　认知就业形势与政策

任务二　认知职业世界

任务三　认知自我

任务四　进行职业定位

　　就业一头牵着千万家庭,一头连着经济大势。党的二十大报告指出,要实施就业优先战略,"就业是最基本的民生。强化就业优先政策,健全就业促进机制,促进高质量充分就业"。进入新时代,我国就业市场中出现了大量新机遇,等待我们去开发。面对新形势下的就业市场现状和诸多就业选择,如何了解就业市场需求和有关政策,如何在认识自我的基础上实现人职匹配,这些都是我们必须了解的。

　　人生的道路虽然漫长,但关键处就那么几步。找到适合自己的工作是我们从学生转变为职业人的关键转折点。现代社会高速发展,市场对人才的需求在不断发生变化,要求也在逐年提高;同时,新职业随着社会分工的日益细化不断涌现,一些传统职业也在知识结构和基本技能方面形成了新的内涵和新的标准。

　　本项目将从环境认知和自我认知两个维度,给同学们提供职业选择的建议和方法,帮助大家做好就业前的准备工作。

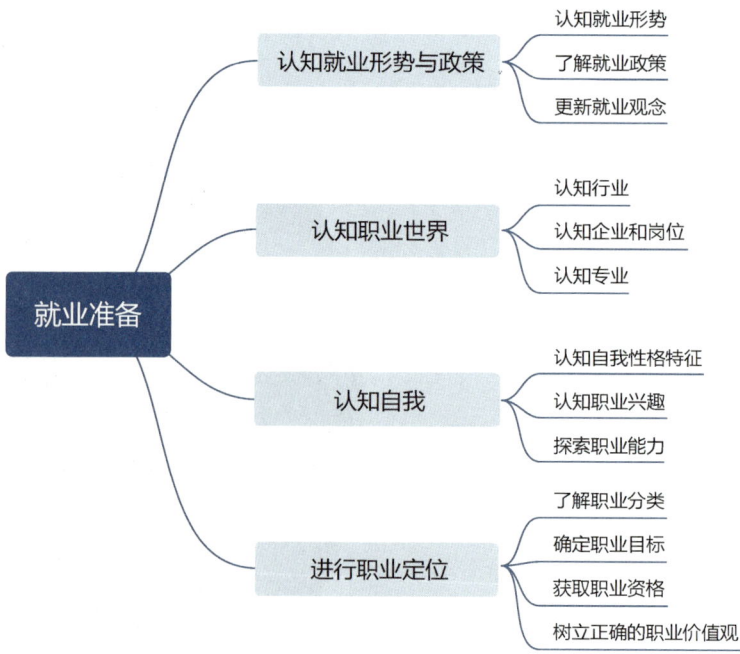

一 认知就业形势

2024年,我国高校毕业生人数达到1 179万,再创历史新高。高校毕业生是我国重要的青年就业群体,在经济高质量稳步发展的情况下,面临众多就业机遇。

(一) 宏观就业形势

就业是最基本的民生,是经济发展的"晴雨表"、社会稳定的"压舱石"。以习近平同志为核心的党中央高度重视就业工作,特别是青年就业工作,强调"要在推动高质量发展中强化就业优先导向""强化就业优先政策,健全就业促进机制,促进高质量充分就业"。当前,我国国民经济整体恢复向好,稳就业政策持续显效,就业形势总体稳定。

拓展阅读 1-1:就业形势总体稳定　多平台数据折射人才流动新趋势

1. 经济发展为就业提供良好基础

经济增长是稳定和扩大就业的基础。随着我国进入高质量发展阶段,我国经济增速有所放缓,但经济总量不断扩大,经济增量十分可观,吸纳就业量将继续增加。近年来,我国国内需求稳步扩大,消费带动作用增强,市场用工需求增加,交通运输、住宿餐饮、旅游等行业较快发展,对就业的带动作用明显增强。

2. 产业结构升级扩大就业容量

随着我国经济发展水平的提高,服务业占国内生产总值的比重稳步提升,成为国民经济第一大产业。服务业具有劳动密集度高、就业容量大的特点,特别是住宿餐饮、商贸零售、交通运输、文教卫生、居民服务等行业用工需求大、吸纳就业能力强。与此同时,随着产业向中高端延伸,新产业、新业态、新商业模式蓬勃发展,有效扩大了就业空间。

3. 政策红利释放助力就业空间拓展

党中央、国务院高度重视稳就业工作,及时优化调整稳就业政策措施,形成了税费减免、财政激励、金融支持的系统性、全链条就业政策体系。各地区、各部门抓紧落实稳就业各项举措,实施稳岗支持和扩岗激励措施,全力促进高校毕业生等重点群体就业。

4. 数字经济带来大量就业创业机会

我国正在加快数字化发展,打造数字经济新优势,协同推进数字产业化和产业数字化转型。产业数字化不仅能为行业发展带来更高的效率,还能提供大量的新岗位,催生新业态。数字化也改变了传统行业的人才需求结构,为吸纳高学历人才发展留出更多空间,有利于高校毕业生就业,也为自主创业和灵活就业带来许多机遇。高校毕业生在习得数字知识和技术方面有显著的比较优势,是数字经济发展的重要受益群体。

拓展链接 1-1 ▶ **电子竞技指导员实现职业化发展**

近年来,电子竞技体育的影响力逐渐加强,科技的快速迭代及多元传播渠道的更新,让电子竞技体育在数字化产业和数字内容领域形成了巨大发展潜力。随着电竞行业的快速发展,玩家对于电竞相关专业技能和战术指导的需求日益增大,使得电子竞技指导员成为新的职业选择。据报道,电子竞技指导服务行业的从业人员已经超过1 000万,这种灵活就业方式不仅满足了市场需求,也为青年提供了更多职业选择。

电子竞技指导员的职业化发展得到了政策和市场的支持。各地政府纷纷出台相关政策,进一步推动了电子竞技指导员这一职业的规范化和职业化进程。依照管理规范及评价导则,上海电竞协会启动了电子竞技指导员等级考核四级测试,由中国通信工业协会电子竞技分会指导开发的电子竞技职业技能认定考试平台也已正式上线。从业者依照规范接受培训,通过考核,获得认证,从而获得行业认定和头部市场主体的认可与支持,是电子竞技指导员这一行业持续发展的必然路径。规范的出台让电子竞技指导服务有了更清晰的界定。

伴随着产业持续发展和大众认可度提升,我国已经成长为全球电竞产业的最大单一市场,电竞核心观众数量、电竞赛事营收均位列全球之首。数字经济新场景下,电子竞技指导员通过提供专业的技能战术指导,不仅帮助玩家改善了游戏体验,还带动了整个电竞生态系统的消费,为服务业的发展注入了新的活力,也显示了数字经济时代下新业态、新商业模式的前景。

5. 就业总量压力和结构性问题仍需关注

虽然当前就业形势总体稳定,但仍存在一些压力和结构性问题。一方面,高校毕业生规模不断创历史新高;另一方面,技术工人短缺问题突出,高技能人才一人难求。我们应有针对性地提升自我的职业能力和素养,提高人岗匹配度,以便在将来更好地应对就业挑战。

(二)高校毕业生的就业状况

随着经济的不断发展,高校毕业生的就业形式和求职行为发生了一些变化,呈现出一些新特点。

1. 高校毕业生就业的结构性矛盾仍然存在

近年来,高校毕业生总量不断创新高,企业"招工难"和毕业生"就业难"并存的结构性矛盾仍然存在。究其原因,一方面是高校毕业生就业期望值越来越高,求稳趋势增强,部分毕业生过度向往"体制内"工作岗位；另一方面，制造业、服务业普工难招，技术技能型人才短缺，招聘过程中的地区差异也较为明显。部分毕业生的能力、素质与用人单位的要求也存在一定的差距，综合素质强、动手能力强、敬业精神强及有各种特长的毕业生越来越受欢迎。

2. 高校毕业生的就业形式多元化

目前，高校毕业生的就业形式从传统的"单一就业"转变为"多元化就业"，懂得根据自身的能力、兴趣和爱好，选择适合自己的就业形式。由于经济的快速发展和社会的进步，许多企业对员工的要求越来越高，不仅要求员工具备良好的专业技能，还要求他们具有良好的职业能力。

3. 灵活就业成高校毕业生就业新形态

近年来，我国灵活就业人数明显增加。作为思维更活跃、创新能力更强的群体，高校毕业生成了共享经济、平台经济中的一支生力军。高校毕业生的灵活就业是在互联网、大数据等新技术应用背景下，新业态下的自主就业，体现了我国就业市场的新变化与新趋势。

4. 返乡就业成高校毕业生新选择

近年来，多地政府出台了扶持政策，包括从税收、贷款和就业岗位等方面推出优惠措施，吸引在外的人才返乡就业。返乡就业是指高校毕业生选择回到自己的家乡或者家乡所在地区就业，而不是留在大城市就业。返乡就业渐成部分高校毕业生的就业新选择。

你了解到的就业形势如何？面对当今的就业形势，你打算如何做好就业准备？

 二　了解就业政策

高校毕业生就业政策是国家为促进高校毕业生顺利就业而实施的一系列相关政策，具有实时性、区域性、可持续性和多元性，对高校毕业生的就业具有重要的指导意义。

一方面，了解就业政策可以让我们少走弯路，提高就业成功率。我们在求职之前，应先掌握高校毕业生就业政策，从而向着正确的方向去求职，减少失误，节约时间、精力和财力，更理性地进行职业选择，提高就业的成功率。另一方面，了解就业政策有助于我们维护自身合法权益。毕业生在求职择业过程中，由于缺乏相关的社会阅历和工作经验，相对来说处于弱势地位。提前了解相关就业政策，有助于我们对就业市场中存在的陷阱进行辨别，保护自己的合法权益。

区建设、长江经济带发展、粤港澳大湾区建设、海南自贸试验区建设等,引导毕业生到重点地区、重大工程、重大项目、重要领域就业;落实区域协调发展战略,鼓励毕业生到中西部地区、东北地区和艰苦边远地区就业创业;加大"三区三州"等深度贫困地区的教育脱贫攻坚力度,结合实际制定激励政策,引导毕业生到贫困地区就业创业。

(四)拓展新兴业态就业空间

各地各高校结合学科专业特色,主动对接以技术集成和商业模式创新为特点的新业态人才需求,充分利用平台经济、众包经济、共享经济、数字经济等新业态,支持、鼓励毕业生实现多元化就业;配合有关部门落实相应的社会保障政策和灵活就业、自主创业扶持政策,引导毕业生主动适应新就业形态、新用工方式。

(五)继续做好大学生征兵工作

各地各高校认真落实学费资助、复学升学、就业创业等优惠政策;密切配合兵役机关,面向毕业生、在校生、新生开展有针对性的宣传,集中播放征兵公益宣传片,发放应征入伍宣传单;落实好预订兵工作机制,为大学生入伍开辟绿色通道,鼓励更多大学生参军入伍。

(六)支持大学生到国际组织实习、任职

各地各高校加大经费资助、教育教学、升学就业等政策支持力度。各高校结合学科专业特色,加大双语种或多语种复合型国际化专业人才培养力度;将国际组织基本情况、职业发展路径等内容纳入课程;进一步完善信息服务平台,及时收集、发布国际组织招聘信息,提供专家讲座、政策咨询、社团活动等系列指导服务;与国际组织开展合作交流,进一步拓展实习、任职渠道。

(七)对就业困难毕业生予以帮扶

对于家庭困难或求职困难、超过一定时间不能落实就业岗位的高校毕业生,国家出台了专门的政策予以帮扶。获得国家助学贷款的毕业年度高校毕业生,贫困残疾人家庭、建档立卡贫困家庭高校毕业生和特困人员中的高校毕业生在离校前可向学校申请求职创业补贴,每人一次性申领2 000元。离校未就业高校毕业生实现灵活就业的,可领取一定数额的社会保险补贴,时间最长不超过2年。毕业2年内未就业的城镇低保家庭、单亲困难家庭、孤儿、残疾高校毕业生可按有关规定申请公益性岗位,经安置后可以享受一定数额的岗位补贴和社会保险补贴。

三　更新就业观念

走向市场和实现就业是我们未来的必然选择。要适应市场经济环境,满足用人单位的岗位需求,实现自己的人生价值,就必须树立正确的就业观念。正确的就业观念有利于我们在未来根据个人条件、志愿和社会需要实事求是地选择职业,自觉立足于国家和社会的需要,在岗位上充分发挥自己的才智。

（一）就业观念的内涵

就业是指具有劳动能力的人运用生产资料从事合法的社会活动，并获得相应的劳动报酬或经营收入的经济活动。根据这一定义，一个人如果同时满足以下三个基本条件，就可以被认为实现了就业：一是在法定劳动年龄内且具有劳动能力；二是所从事的是某种合法的社会活动，以提供满足社会需要的商品或服务为目的；三是从事这种社会活动可以获得相应的收入。

就业观念就是人们对求职、就业的根本看法和基本态度，包括对就业的认识、选择、评价等。就业观念是个体就业策略与行为选择的思想基础，在深层次上影响着个体的就业选择。

拓展链接 1-2 《**2024 大学生就业力调研报告**》**发布**

2024 年 5 月，智联招聘发布了《2024 大学生就业力调研报告》，展现了高校毕业生在新时代的就业观念转变。问卷调研结果显示，应届毕业生从事自由职业的比重从 2023 年的 13.2% 增长到了 2024 年的 13.7%。2024 届毕业生的期望行业中，IT/通信/电子/互联网行业、政府/非营利性机构、文化/传媒/娱乐/体育行业位列前三，占比分别为 26.4%、9.4%、8.9%。IT/通信/电子/互联网行业为毕业生贡献了很多就业岗位，也是毕业生最向往的行业。24.2% 的毕业生希望到技术岗位上就业。近年来，许多高校毕业生选择"回炉"学习技能，希望拓宽求职之路。关于"回炉"学习技能是否有助于就业，超过半数的高校毕业生给出了肯定的答案，认为市场对专业技能人才需求大，"回炉"后就业机会更多，还可以积累社会经验。关于实习，多数毕业生认为，实习经历是求职成功的重要因素，认可实习经历对求职的帮助。

（二）树立正确的就业观念

1. 树立高尚的职业理想

高尚的职业理想应当把个人志向和国家利益、社会需要有机结合。高校毕业生是国家宝贵的人才资源，是社会主义经济建设的生力军。因此，我们应该自觉树立为祖国奉献和为人民服务的志向，把自己的需要和国家、社会的需要结合起来，把国家的发展、社会的进步与个人的前途命运有机结合起来，在奉献祖国、服务社会的过程中实现自己的人生价值。

2. 树立高尚的敬业精神

具备敬业精神已成为当今社会对毕业生综合素质的新要求。因此，具备热爱本职工作，忠于职守，对社会和人民负责，保证工作质量，对技术精益求精，能团结协作、公平竞争的敬业精神是实现顺利就业的必要条件。

3. 树立勇于面对竞争的观念

目前高校毕业生就业采取的是在国家政策指导下自主择业的方式。我们应当摆脱被动依赖、消极等待的状况，敢于竞争，做好多方面的竞争准备。

第一，要树立强烈的竞争意识。人才市场中的供求关系总会存在不平衡之处，同一岗位往往有较多的择业者竞争。如果没有主动竞争的思想准备和勇气，是难以顺利就业的。

第二，要培养雄厚的竞争实力。竞争实力是综合素质的体现，包括思想品德素质、专业素质、文化素质、身心素质等。竞争实力是在生活中逐渐培养而形成的，是个人实现择业理想的资本。

第三，要坚持正确的竞争原则。在就业竞争中，要保持自己的人格尊严，诚实守信，凭自身的竞争实力并运用恰当的竞争技巧去赢得用人单位的青睐。

第四，要保持良好的竞争心态。有竞争就有风险，参与竞争就难免受到挫折。我们要提高遭受挫折后的心理承受能力，把挫折看成锻炼意志、增强能力的好机会，保持良好的竞争心态，鼓足勇气争取新机会。

4. 树立先就业后择业再创业的观念

市场经济配置人力资源的特征是人才流动，我们不必急于找"铁饭碗"，要树立不断进取的职业流动观念，并学会在流动中发现机会、把握机会。社会主义市场经济体制的建立和市场经济的发展也为广大毕业生自主创业提供了良好的社会环境。自主创业给具有创造力的毕业生提供了就业和深造以外的"创新之路"。

5. 树立到基层去的观念

在大城市提供的就业机会日趋饱和的情况下，基层提供的就业岗位为毕业生施展才华、实现理想创造了条件。毕业生应积极响应国家和社会的召唤，到基层去，到西部去，到生产第一线去，到祖国和人民最需要的地方去，接受锻炼和挑战。

案例 1-2

刘桂珍：守望山村40余年

段家湾村曾是远近闻名的贫困村，如今却成了十里八乡数得上的美丽乡村。说起村里的变化，村民们都说离不开刘桂珍（图1-1）的功劳。她当了25年村党支部书记、18年村委会主任，挎着药箱在山路上奔波了44年，在小学讲台上坚守了29年。

20世纪70年代，段家湾村还没有医生，村民们常常小病拖成大病。县里培训"赤脚医生"，给了段家湾村一个名额。"村里就你一个高中生，你不干谁干？"父亲的话让一心想考大学的刘桂珍到村里当起了村医，一干就是40多年。通过自学、请教，刘桂珍学会了打针、输液、针灸、理疗，成了村民们信任的"全能医生"。不论是

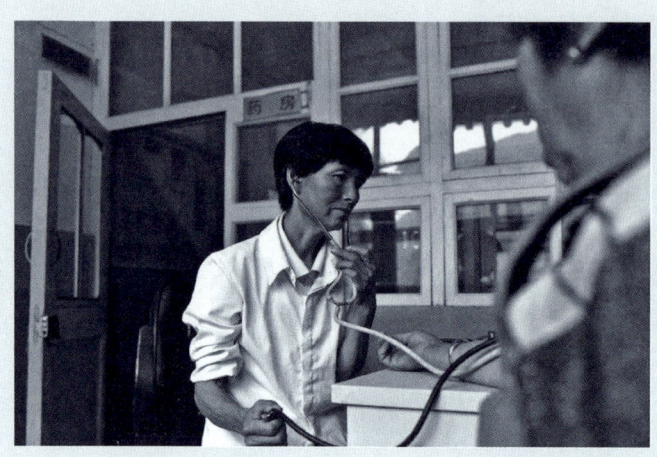

图1-1 刘桂珍在卫生所为村民量血压

刮风下雨,还是三更半夜,只要村民们需要,她都会第一时间赶到。1988年,段家湾小学唯一的老师离开,刘桂珍又兼任起了代课教师。这份"临时"的工作,她一干又是29年。由于长期为故土无私奉献,刘桂珍赢得了村民们的信任,1996年,她担任了村党支部书记,2003年兼任村委会主任。

"抬头看大山,低头见石头"是段家湾村自然条件的真实写照。脱贫攻坚战打响以来,刘桂珍想尽办法带领大家走出贫困。她带头在自家承包的3分河滩地里种上了油松树苗。经过精心管护,第三年春天见到成效,树苗卖了7.5万元。"桂珍说好肯定好。"在她的带动下,种树苗的村民越来越多。她不仅为村民垫钱送苗,还当起了技术指导员。后来,段家湾村成立了苗木合作社,注册了以"刘桂珍"命名的商标,成为远近闻名的育苗基地。2017年底,段家湾村贫困户全部脱贫。种植中药材、试种黑松露……作为乡村振兴"领头雁"的刘桂珍一直没有停下脚步。

(资料来源:梁晓飞、王劲玉,刘桂珍:守望山村40余年,新华网)

分析:

刘桂珍为帮助乡亲们过上幸福生活,放弃了考大学的梦想,扎根乡村四十余年,为基层工作奉献了自己的青春与汗水。习近平总书记勉励我们,干好基层工作要有兴趣、有热情,要有韧性、有耐力,要有组织能力,要有一股豁出去的干劲儿。只有肯吃苦,心怀奉献精神,才能把工作干好。

6. 树立发挥专业所长也注重综合素质的观念

毕业生在择业时首先要考虑所学的专业,根据专业特点谋求职业,做到专业特点与职业要求相匹配,发挥专业优势,同时也不能忽略综合素质。过分强调专业对口会使我们在激烈的竞争中失去很多机会。我们应勇于选择与自己所学专业相近或相关的职业,积极提升综合素质。

活动与训练

撰写就业形势分析报告

依据现阶段的毕业生就业状况,针对本专业毕业生的就业情况,写一份就业形势分析报告(表1-1)。

表1-1　就业形势分析报告

去年本校本专业毕业生的就业去向落实率:

去年本校本专业毕业生的主要就业方式:

去年本校本专业毕业生存在的就业问题:

本校本专业毕业生的主要就业地区(列出5个):

本校本专业毕业生进入单位的主要类型(行政机关、事业单位、国有企业、民营企业、外资企业、合资企业)情况:

本专业毕业生的就业前景:

本届本专业毕业生面临的就业形势:

一、认知行业

行业的整体发展状况会直接影响到个体的职业发展,我们在规划职业生涯时有必要对自己的目标行业进行全方位的解读,以更好地了解职业世界。

(一)产业和行业的内涵

1. 产业的内涵

产业是指经济社会的物质生产部门。一般而言,一个部门专门生产和制造某种独立产品,称为一个产业,如农业、工业。

微课 1-1:
职业世界认知

依据国家统计局发布的《国民经济行业分类》(GB/T 4754—2017),我国产业分为第一产业、第二产业和第三产业。第一产业是农、林、牧、渔业(不含农、林、牧、渔专业及辅助性活动);第二产业是采矿业,制造业,电力、热力、燃气及水生产和供应业,建筑业;第三产业是服务业,即除第一产业、第二产业以外的其他行业(不含国际组织)。

2. 行业的内涵

行业是从事相同性质的经济活动的所有单位的集合,一般是按生产同类产品、具有相同工艺过程或提供同类劳动服务的标准划分的经济活动类别,如机械行业、金融行业、移动互联网行业。

国家统计局以国民经济行业分类为基础,将行业分为:农、林、牧、渔业;采矿业;制造业;电力、热力、燃气及水生产和供应业;建筑业;批发和零售业;交通运输、仓储和邮政业;住宿和餐饮业;信息传输、软件和信息技术服务业;金融业;房地产业;租赁和商务服务业;科学研究和技术服务业;水利、环境和公共设施管理业;居民服务、修理和其他服务业;教育;卫生和社会工作;文化、体育和娱乐业;公共管理、社会保障和社会组织;国际组织。

行业有其生命周期。行业发展一般会经历曙光期、朝阳期、成熟期、衰退期四个阶段(图1-2)。

(1)曙光期。

这一时期行业的市场增长率较高,需求增长较快,技术变动较大,行业中的企业主要致力于开拓新用户、占领市场。此时技术有很大的不确定性,企业在产品、市场、服务等策略上有很大的改进余地,对行业特点、行业竞争状况、用户特点等方面的信息掌握不多,行

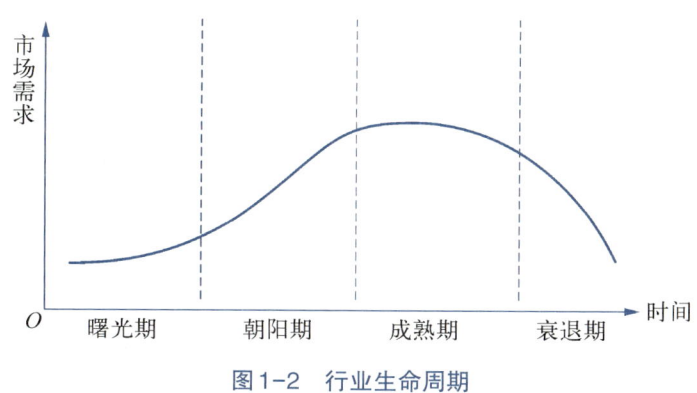

图1-2　行业生命周期

业进入壁垒较低。

（2）朝阳期。

这一时期行业的市场增长率很高，需求高速增长，技术渐趋稳定，行业特点、行业竞争状况及用户特点已比较明朗，行业进入壁垒提高，产品品种及竞争者数量增多。

（3）成熟期。

这一时期行业的市场增长率、需求增长率不高，技术已经成熟，行业特点、行业竞争状况及用户特点非常清晰和稳定，买方市场形成，企业营利能力下降，新产品和产品的新用途开发变得困难，行业进入壁垒很高。

（4）衰退期。

这一时期行业的市场增长率下降，需求下降，产品品种及竞争者数量减少。

（二）行业环境分析

行业环境分析属于中观层面的职业环境探索，是在社会环境分析的基础上，进一步针对比较具体的行业进行的认知和探索，可以帮助我们更好地了解和分析行业环境对职业发展的影响。其主要内容如下。

1. 行业现状及发展趋势

要具体了解一个行业，我们需要掌握以下三个方面：① 行业发展阶段（处于行业生命周期的哪个阶段）及趋势；② 行业规模；③ 产业链（产品的生产、销售等各个环节的运转和利润分配，知名企业）。

2. 行业人才需求状况

各行各业都有准入门槛及对人才素质、能力的基本要求，了解行业人才需求状况是进入行业的前提。行业人才需求状况是指行业的人才胜任能力标准、人才发展前景、人才培养目标及人才晋升路径。对其了解得越详细，个人的职业定位就会越清晰，职业规划也就会越具有针对性。

3. 行业的社会评价及社会声望

社会各界人士对该行业的评价、行业的社会声望也是职业选择与规划的参考依据。不过，对行业的评价是仁者见仁、智者见智的，切忌随波逐流、人云亦云。

4. 行业代表人物

各行各业都有自己的代表人物，通过调研行业代表人物的先进事迹、成长历程，可以加深对该行业的认识与了解。了解行业反面典型的失败经历,也能够从侧面了解行业中存在的风险与弊端,树立对行业全面、客观的认识。

5. 行业规范及标准

每个行业都有自己的行业标准及规范,可能是明示的,也可能是潜在的;可能是国家制定的,也可能是行业内部的。行业规范及标准包含了行业的人才准入门槛及从业人员基本守则。

6. 行业知名企业

行业是由一系列细分领域内的企业共同组成的,这些企业既互相竞争,又互相依存,共同推动行业发展与进步。行业知名企业是该行业发展的缩影,代表了该行业的最高发展水平,因此了解行业知名企业是了解行业的好方法。

课堂活动

请同学们选择一个自己感兴趣的行业,通过寻找以下问题的答案,实现对这个行业的了解,填写表1-2。

表1-2　行业概况表

这个行业存在是因为提供了什么价值?主要增值发生在价值链的哪一环?
这个行业在社会整体经济结构中的地位如何?
这个行业的上游供应者、下游消费者是谁?
这个行业的知名企业有哪些?
这个行业的运转有哪些环节?营利模式是怎样的?
这个行业是否存在人才短缺?在哪个细分领域?
这个行业有什么新技术产生?
这个行业的人才素质要求是怎样的?

（三）收集与整理行业信息

1. 收集行业信息的常用渠道

了解行业信息的渠道可以分为间接和直接两种。间接渠道包括阅读行业研究报告、查阅行业媒体资料、进行生涯人物访谈等，直接渠道则是实习。

（1）阅读行业研究报告，查阅行业媒体资料。

可阅读政府相关部门（主要包括各级统计部门）、国际机构（如世界银行、联合国教科文组织）、行业协会、咨询公司、金融投资机构的行业研究报告，以了解行业发展的现状、趋势等。

查阅行业媒体资料也可以获得对行业比较全面的了解。很多机构都有相应的网站和出版物，这些媒体对行业的报道和分析无疑是最权威的。

（2）进行生涯人物访谈。

可进行生涯人物访谈以深入了解行业。

生涯人物访谈是通过与一定数量的职场人士交谈，获得关于行业、企业和职业信息的职业探索活动。生涯人物应是在行业中已经工作了三至五年，甚至更长时间的人。为减轻访谈中的主观因素影响，应至少访谈三人，最好既对行业内的资深人士进行访谈，又对进入行业不太久，还处在职业发展期间的人士进行访谈。

在正式进行访谈前，要做两件事：一是为自己准备一个"30秒广告"，帮助对方快速了解自己；二是对访谈问题事先做好准备，这有助于访谈的深入进行。

（3）实习。

获得行业信息最直接、有效的方法是实习。我们可以通过申请实习岗位或见习的方式到目标行业企业实习，尤其是在领军企业的实习，会让我们对行业有直观、深入的了解。

2. 收集和整理行业信息的步骤

行业信息的收集、整理既是首先进行的，又是贯穿始终的。收集和整理行业信息时要明确目标，有的放矢，一般说来有如下步骤。

（1）收集整个行业的概况信息，记录关键词。

（2）根据不同的指标对收集的信息进行归类。

（3）对收集到的信息加以分析，根据重要性或相关性划分等级，并加以标记。

（4）根据指标的要求及收集到的信息，进行进一步的信息收集工作。

（5）对信息进行加工和推理，并进行有针对性的信息挖掘。

（6）将收集到的信息制作成图表。

二　认知企业和岗位

（一）用人单位的分类

我国的用人单位包括行政机关、事业单位和企业。我们要根据自己的优势做出选择。

适合自己的才是最好的

小平是学校里的明星学生。他性格开朗活泼，乐于助人，还是一名出色的篮球运动员。面临毕业，小平积极地寻找工作，由于表现出色，他成功通过了好几家单位的面试。他对这些单位进行了仔细的比较、挑选，选择进入某机关办公室担任文秘，认为进机关单位工作有地位、有面子。

起初，小平很满意自己的工作。没想到，工作一段时间后，他才发现文秘这份工作需要整理、撰写大量材料，每天的活儿都非常枯燥，和自己想的完全不一样。由于每天要花大量时间写材料，很少与人打交道，自己的特长更是完全得不到发挥，小平的心情越来越糟糕，工作得越来越不开心，原本开朗活泼的他渐渐失去了往日的热情。

分析：

很多同学在择业时不考虑自己的实际情况，只注重地位、面子，却不注重工作单位和岗位究竟是否适合自己，结果使自己的优势成了劣势。每个人都只有在适合自己的单位中才能发挥自己的优势，再体面的工作，对不适合的人来说也只是"鸡肋"，而非"熊掌"。

1. 行政机关

行政机关是指依宪法和有关法律的规定设置的，行使国家行政职权，负责对国家各项行政事务进行组织、管理、监督的国家机关。行政机关是进行国家行政管理、组织经济建设和文化建设、维护社会公共秩序的单位，其人员实行公务员体制管理，相关费用全部由政府拨付。

2. 事业单位

事业单位是指不履行党政群机关职能，以非生产劳动为主，以国家财政拨款为主要经济来源，不以营利为直接目的，以创造出来的物质产品和精神产品直接或间接服务于整个社会的单位。事业单位一般属于第三产业范畴，是以增进社会福利，满足社会文化、教育、科学、卫生等方面需要，提供各种社会服务为直接目的的社会组织。

3. 企业

企业是指从事生产经营和社会服务等经济活动，具有法人资格，实行独立核算的营利性组织，是国民经济的基本单位。按所有制性质的不同，企业可划分为国有企业、民营企业、外资企业、合资企业等。不同的企业有不同的招聘标准和发展空间，也有不同的企业文化和薪酬福利待遇。我们应该权衡利弊，选择适合自己的企业，以便更好地发展自己的职业生涯。

（1）国有企业。

国有企业通常指国家的中央政府投资或参与控制的企业；而在我国，国有企业还包括由地方政府投资或参与控制的企业。政府的意志和利益决定了国有企业的行为。按照政府的管理权限,国有企业可以分为中央企业和地方企业。

（2）民营企业。

民营企业是指所有非公有制企业中除国有独资企业、国有控股企业外的其他类型的企业,只要没有国有资本,均属民营企业。民营企业包括个人独资企业、合伙制企业、有限责任公司和股份有限公司。

（3）外资企业。

外资企业是指依照中国法律在中国境内设立的,全部资本由外国投资人投入的企业。外资企业的外国投资人可以是外国的企业、其他经济组织和个人。外资企业按照中国法律在中国境内设立,因此不同于外国企业和其他经济组织在中国境内的分支机构。外资企业是独立的经济实体,独立经营,独立核算,独立承担法律责任。

（4）合资企业。

合资企业是中国投资人和外国投资人共同出资、共同经营、共负盈亏、共担风险的企业。外国投资人可以是企业、其他经济组织或个人。中国投资人目前只限于企业、其他经济组织,不包括个人。合资企业是中国法人,受中国法律的管辖和保护,它的组织形式是有限责任公司。

（二）企业环境分析

1. 企业的基本状况

企业的基本状况主要包括企业的创建历史、现阶段的经营状况和规模,以及未来的竞争优势与发展前景,具体包括企业的所有制形式、规模、组织架构、产品或服务、经营战略、核心竞争力、资金和技术实力、内部员工关系、领导者情况等。

2. 企业的发展目标

企业的发展目标是企业的存在价值和发展的"生命线"。在分析企业的发展目标时,不仅要了解企业未来追求的目标是什么,还要了解企业有什么阶段性的发展目标,以及企业目前所处的发展阶段。同时,还应尽可能地收集相关资料,了解和分析企业的发展目标实现的可能性。

3. 企业文化

企业文化是指企业成员共同的、以具有本企业特色的价值观为核心的行为方式体系。它是一个企业不同于别的企业,并得以生存和持续发展的核心要素。如主张员工参与管理的企业,显然比封闭的企业能为员工提供更多的发展机会;而渴望发展、追求挑战的员工很难在论资排辈的企业中受到重用。倘若个人的价值观与企业文化有冲突,难以适应企业文化,他在组织中就难以得到发展。因此,企业文化是个人在制订职业生涯规划时应当考虑的一个重要因素。

4. 企业人力资源状况

企业人力资源是企业发展的基础。了解企业的人力资源战略及企业中的职业发展路径(图1-3),可以判断出哪种类型的企业更适合自己的未来发展。同时,在选择企业时,应该注意人际环境是否适合自己,自己是否有发展空间和发展机会。

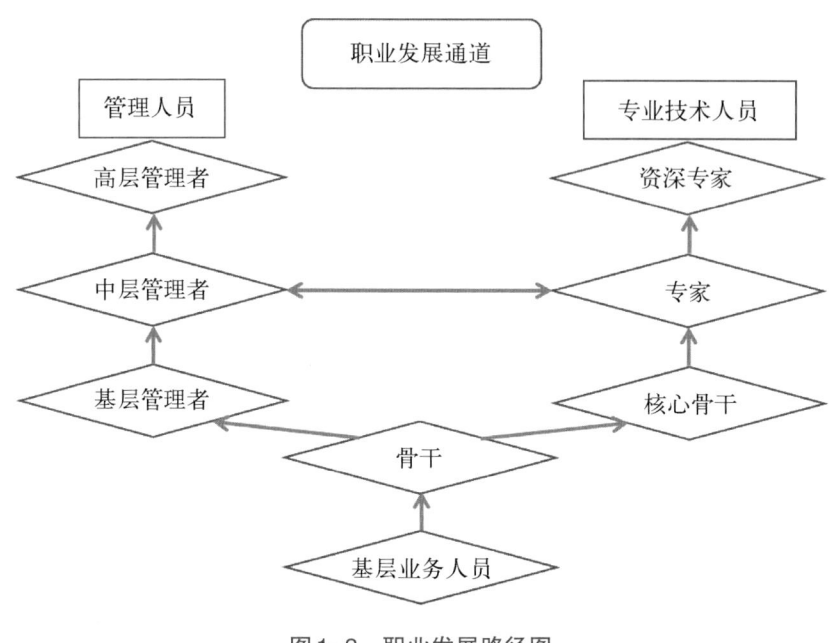

图1-3　职业发展路径图

5. 薪酬

薪酬是职业选择时的关键因素,但是进行职业规划时,不能只考虑薪酬的高低。个体的职业发展与薪酬是直接挂钩的,职业发展初期薪酬可能较低,但是经过长期的努力,薪酬一定会得到应有的提高。

6. 企业用人标准

企业用人标准是求职择业时最需要关注的。对于企业而言,招聘适合的人比招聘优秀的人更重要。目前,除了文凭、证书等"硬实力",企业对"软实力",即职业素养的重视程度也逐渐提高。据调查,企业目前最关注的"软实力"包括时间管理能力、抗压能力、人际沟通能力、逻辑思维能力和语言表达能力等。

(三) 企业信息的获取与利用

1. 获取企业信息的渠道

一般来说,企业信息收集得越广泛,求职视野就越宽广,对信息的判断与定位就越准确,就业的成功率就越高。因此,我们要主动出击,充分利用一切可能的渠道,力求广泛、全面、有效地收集各类企业信息,积极寻找就业机会。

(1)网络招聘平台。

企业普遍会在网络招聘平台上发布招聘信息,我们可以通过网络招聘平台上的信息了解企业和岗位,初步判断这一企业或岗位是否适合自己。

(2)企业官网。

不少企业拥有自己的官网,会将企业相关信息发布在上面,其信息权威性较强。我们可以通过企业官网进一步了解企业的产品、业务、所获荣誉等。

（3）行业人士。

很多行业人士在行业中工作了很久，在行业中具备一定的人脉关系，对行业中的企业比较熟悉。通过行业人士了解企业在行业中的口碑、地位等，也可以作为我们的信息获取渠道。

（4）应用软件。

我们可以在很多应用软件，如企查查、启信宝、天眼查、财富网站、央企名单上查看企业的工商信息及综合信息，包括企业年报、股东、投资人、涉诉、失信、拥有商标、知识产权、企业证书、主要人员、变更记录等方面的信息。

2. 企业信息的利用

一要去伪存真，注意识别信息的来源，尽量通过权威平台和官方网站等渠道收集信息，对来自非门户网站等不正规渠道的招聘信息要仔细核查、多方打听。

二要重点把握，有的放矢，对收集到的信息进行深度筛选，去除大量不必要的信息，缩小信息范围，找到最适合自己情况的信息。

三要深入分析，通过对收集到的信息进行深入分析，了解哪些企业适合自己，并有针对性地对这些企业加以关注。

四要及时反馈，及时处理有意向的企业信息，最好及时与适合自己的企业取得联系。

在利用企业信息时要做到：求真，也就是了解信息的真实性；求新，也就是注意信息的时效性；求专，也就是关注与个人专业及求职意向相关的企业信息，根据个人的需求进行职业定位。

课堂活动

尝试通过三种不同的渠道收集三家不同所有制类型企业的信息，按照你感兴趣的程度对其进行排序，将其信息填入表1-3。

表1-3　企业信息简表

序号	企业名称	企业类型	职位	联系人及联系方式	信息来源

（四）职业与岗位

1. 职业

职业是指劳动者参与社会分工，利用专门的知识和技能为社会创造物质财富和精神财富,获取合理报酬作为物质生活来源,并满足精神需求的工作。职业是社会劳动分工发展的必然产物,社会分工是职业划分的基础和依据。在人类社会经济发展的历史长河中,职业并非一成不变的,而是在多种因素作用下不断变化与发展。

职业的要素有如下几个。

(1)职业名称:职业的符号特征,一般是社会通用的称谓。

(2)职业主体:从事一定社会分工活动的劳动者,具有从事职业活动所需要的资格和能力。

(3)职业客体:职业活动的对象、内容、劳动方式和场所等。

(4)职业报酬:通过职业活动取得的各种报酬。

(5)职业技术:劳动者在从事职业活动时所运用的自然技术、社会技术与思维技术的总和。

2. 岗位

岗位是指在特定的企业中,在特定的时间内,由担负一个或数个任务的特定的人组成的职位。岗位和职业的区别主要在于范围不同,岗位是组织内的,而职业是跨组织的。职业的具体化产物就是岗位。

岗位的要素有如下几个。

(1)职务:要承担的工作任务,或为实现某一目标而做出的明确的工作行为。

(2)职权:法律或企业的规定赋予劳动者的相应权利,是其完成工作任务的保障。

(3)责任:劳动者对工作标准与要求的同意或承诺。

(五)岗位认知的内容

岗位认知主要从以下八个要素(7W1H)着手进行。

(1)谁(who):谁从事这一岗位工作,谁是责任人,对劳动者在学历及文化程度、专业知识及技能、经验及职业素质等方面的要求有哪些。

(2)什么(what):劳动者要完成的工作任务当中哪些属于体力劳动的范畴,哪些属于脑力劳动的范畴。

(3)为谁(whom):外部的客户是谁;内部与该岗位有直接关系的人,如上级、下级、同事是谁。

(4)为什么(why):为什么做,即岗位工作对劳动者的意义。

(5)什么时候(when):工作任务要求在什么时候完成。

(6)什么地点(where):工作的地点、环境等。

(7)什么资质(what qualification):劳动者应该具备的资质。

(8)怎么做(how):如何从事岗位工作,即工作程序、规范及从事该工作所需要的权利。

三 认知专业

（一）专业的含义及设置

专业是指个人专门从事的某种学业或职业。专业学习是获得相应职业发展所需的专业知识、技能的最有效途径，能够帮助我们科学地确定职业发展的目标。2024年2月4日，教育部公布了2023年度普通高等学校本科专业备案和审批结果，并发布了《普通高等学校本科专业目录》（2024），包含哲学、经济学、法学、教育学、文学、历史学、理学、工学、农学、医学、管理学、艺术学12个门类816个专业。我国高职教育目前采用的则是教育部于2021年3月印发的《职业教育专业目录》（2021年），共设置19个专业大类、97个专业类、1 349个专业。

进入新时代，随着社会经济的发展和科技的进步，新业态不断涌现。在这样的时代背景下，我国也在对专业设置不断进行调整，包括新增专业、撤销专业和优化调整专业。

1. 新增专业

新增专业适应了国家和区域经济社会发展的需要。更多跨学科专业涌现，工学类专业新增比例高，新工科、新医科、新农科、新文科成为专业建设方向。人工智能、智能制造工程、数据科学与大数据技术、大数据管理与应用、机器人工程等成为新增专业中的热门。

2. 撤销专业

高校在专业设置上回归理性，围绕办学特色、办学定位、办学条件进行专业撤销，不断优化学科专业结构。被撤销的专业大多是专业设置陈旧、人才培养缺乏特色、软硬件支持度不够的专业。

3. 优化调整专业

专业优化调整应当遵循分类考虑、长线思维、动态调整和程序正义四个基本原则。具体来说，就是要立足长远考虑问题，摒弃短线思维，充分考虑高校的办学定位、发展特色、学科基础、软硬件支撑、社会需求等各种因素，依正规程序，随时对专业进行动态调整。

（二）专业认知的内容

专业认知的内容主要包括以下几方面。

1. 细化的专业分类

要了解专业大类、专业类、专业的细化划分和层级关系。了解细化的专业分类有助于精准定位未来的就业方向。

2. 专业教师及学术带头人

要了解本校本专业的优秀教师和学术带头人有哪些；本市本专业相关领域的学科带头人有哪些，有哪些课题，是哪一级的课题；国内本专业领先的高校有哪些，国家级学术带头人有哪些。

3. 课程设置

要了解本专业有哪些主干课程,这些课程分别在什么时候开设,哪些是基础课程,哪些是专业基础课程,哪些是核心专业课程,哪些需要进一步深入学习等。

4. 专业研究现状及发展前景

要了解本专业相关学术研究的现状和发展趋势、难点和重点,对国民经济的影响和在社会经济结构中的地位等。

5. 专业相关杂志和网站

专业相关杂志和网站是我们了解本专业很好的工具,可以弥补课堂教学的不足,让我们了解自己所学的知识与社会需求之间的差距,应该尽早关注。

 思考与讨论

思考与讨论以下问题,由此走近你的专业。

(1)你选择这个专业的理由是什么?

(2)你是从哪些渠道了解到这个专业的?

(3)你的专业在学科结构中处于什么位置?

(4)你的专业的培养目标是什么?

(5)你的专业对应的职业群有哪些?

(6)学校里有哪些学科、专业可能与你的专业产生关联?

(7)你的专业和你未来的事业、人生会有怎样的关联?

(三)获取专业信息的途径

1. 教育部门网站和高校的官方网站

各级教育部门(教育部、教育厅、教育局等)网站和高校的官方网站是我们获取专业信息的首选途径。通过教育部门网站,我们可以了解国家对专业的设置情况,并了解专业的发展情况和未来发展趋势。在高校官方网站上,我们则可以查询高校的专业开设情况、培养特色和培养方向,以及各专业往年的招生、就业等方面情况。

2. 相关企业的年度报告

一些咨询服务企业、招聘平台等企业的年度报告可以提供大量翔实、有效的相关信息。如麦可思每年会为一千余所高校提供年度数据跟踪与咨询服务,它的年度报告展现了对大学生就业信息的跟踪评价结果,体现了不同专业毕业生的就业情况。智联招聘等招聘平台的年度就业报告也可以提供关于各专业毕业生就业形势的数据。

3. 生涯人物访谈

生涯人物访谈也能够帮助我们了解行业相关专业的培养目标和毕业生就业方向。

活动与训练

岗 位 认 知

选择三个你未来想要从事的岗位填入表1-4、表1-5、表1-6。对比分析每个岗位的优缺点，做出初步的职业定位。

表1-4 岗位1的基本信息和任职资格

岗位基本信息		任 职 资 格	
岗位名称		学历要求	
汇报上级		专业要求	
管理下属		工作经验要求	
工作职责		工作所需知识	
工作内容		工作所需技能	
工作场所		资格证书要求	
工作时间		培训经历要求	
薪酬福利		素质要求	
职业生涯发展		其他要求	

表1-5 岗位2的基本信息和任职资格

岗位基本信息		任 职 资 格	
岗位名称		学历要求	
汇报上级		专业要求	
管理下属		工作经验要求	
工作职责		工作所需知识	
工作内容		工作所需技能	
工作场所		资格证书要求	
工作时间		培训经历要求	
薪酬福利		素质要求	
职业生涯发展		其他要求	

表1-6 岗位3的基本信息和任职资格

岗位基本信息		任 职 资 格	
岗位名称		学历要求	
汇报上级		专业要求	
管理下属		工作经验要求	
工作职责		工作所需知识	
工作内容		工作所需技能	
工作场所		资格证书要求	
工作时间		培训经历要求	
薪酬福利		素质要求	
职业生涯发展		其他要求	

任务三 　 认知自我

一 　认知自我性格特征

根据性格选择职业

　　王华从某高校机械专业毕业后,进入一家企业负责技术相关工作。几年过去了,虽然他全身心投入,成绩却很一般。在朋友的建议下,他做了一次性格测试。测试结果表明,他比较擅长与人打交道,更适合做销售或经纪人之类的工作。于是,经过考虑后,他跳槽到一家机械企业做商务代表,将专业和特长相结合,最大限度地发挥了自己的优势。

　　分析:

　　王华的案例充分说明了在就业时了解个人性格特征的重要性。从事和个人性格相符的职业能让我们更好地发挥个人才能,在工作中取得事半功倍的效果。

(一) 认识性格与职业性格

　　性格是个人对现实稳定的态度和习惯化的行为方式的总和,表现为个人独特的心理特征。性格是自我认知中具有核心意义的部分,它的形成有一个长期的、复杂的过程,受遗传因素的影响,也是个人生活环境和生活经历的反映。

微课 1-2:
职业性格

　　职业性格是个人为适应职业工作而必须具备的稳定的态度及与此相适应的行为方式的独特结合。性格是职业性格的基础,职业性格的发展可以促进性格的完善。良好的职业性格不是先天就有的,而是在性格的基础上受家庭环境、学校环境、社会环境的影响,通过自身的积极活动逐渐形成的。

　　职业性格对个人的职业选择有直接影响。了解自己的职业性格,就可以找到自己最适合的领域。有不同职业性格的人适合不同的职业,不同的职业需要有不同职业性格的人来从事。

　　当我们用右手写字时,通常会感到得心应手,写出来的字清晰、整洁。而当我们用左手写字时,就会感到不习惯、费劲,写出来的字也歪歪扭扭。职业性格也是如此。如果我们能够找到和自己的职业性格相匹配的职业,我们就能在工作中发挥自己的优势,工作起来得心应手,既能提高工作满意度,又能提升工作绩效。而如果我们的职业性格与从事的职业不适应,我们就会感到被动、力不从心、精神紧张,给个人发展造成不良影响。

(二)职业性格探索工具——MBTI理论

1942年,伊莎贝尔·迈尔斯和其母亲凯瑟琳·布里格斯在心理学家荣格提出的心理类型论的基础上构建了四维八极的性格理论,这一理论被称为迈尔斯−布里格斯类型指标(Myers−Briggs type indicator),简称MBTI理论。MBTI理论用四维度二分法来评估个人的类型偏好,每个维度均由两极组成。MBTI理论的四个维度如下。

(1)能量倾向:外倾(extraversion,E),内倾(introversion,I)。
(2)接收信息方式:感觉(sensing,S),直觉(intuition,N)。
(3)处理信息方式:思考(thinking,T),情感(feeling,F)。
(4)行动方式:判断(judging,J),知觉(perceiving,P)。

分别取每个维度上偏好类型的代表字母,即可以得到由四个字母构成的性格类型。根据对每个维度上倾向性的判定,最终可以得出16种职业性格。这16种性格类型的特征及适合的职业如表1-7所示。

表1-7　16种性格类型的特征及适合的职业

ISTJ	ISFJ	INFJ	INTJ
特点:沉静,认真;讲求实际,注重事实,能够合情合理地安排应做的事情,而且坚定不移地把它们完成;做事有次序、条理;重视传统,忠诚 **适合职业**:管理者、执法者、会计或者其他能够让他们可以利用自己的经验和对细节的注意力完成任务的职业	**特点**:沉静,友善,有责任感,谨慎;能坚定不移地承担责任;做事贯彻始终、不辞辛劳、准确无误;忠诚,能替人着想,细心;往往记着他所重视的人的种种微小事情,关心别人的感受;努力创造有秩序、和谐的工作和家居环境 **适合职业**:教师、健康护理师或者其他能够让他们运用自己的经验亲力亲为帮助别人的职业,这种帮助是协助或辅助性的	**特点**:喜欢探索意念、人际关系和事物的意义和它们之间的关系;希望了解什么可以激发人们的动力,对别人有洞察力;尽责,能够践行他们坚持的价值观念;对于怎样更好地服务大众有清晰的远景;能够有条理地、果断地践行他们的理念 **适合职业**:咨询服务人员、教师、艺术家或者其他能够促进他们情感、智力或精神发展的职业	**特点**:有具有创意的头脑,有很大的冲劲去践行他们的理念和达到目标;能够很快地掌握事情发展的规律,从而找到长远的发展方向;一旦做出承诺,便会有条理地展开工作,直到完成;有怀疑精神,独立自主;有高水准的工作表现 **适合职业**:科学或技术人员、律师或者其他能够让他们运用智力和技术去构思、分析和完成任务的职业
ISTP	ISFP	INFP	INTP
特点:容忍,有弹性;是冷静的观察者,但当有问题出现,便会迅速行动,找出可行的解决	**特点**:沉静,友善,敏感,仁慈;喜欢有自己的空间,在做事时能把握时间进度;忠于自己	**特点**:理想主义者,忠于自己的价值观及自己所重视的人;有好奇心,能很快看出事情	**特点**:对任何感兴趣的事物都要找到合理的解释;喜欢理论和抽象的事情,喜欢理性思考

续　表

ISTP	ISFP	INFP	INTP
方法；能够分析出如何使事情进行顺利，能够从大量资料中找出实际问题；重视事情的前因后果，能够以理性的原则把事实组织起来；重视效率 **适合职业**：技术人员、执法者、军人或者其他能够让他们动手操作、分析数据或事情的职业	所重视的人；不喜欢争论和冲突，不会强迫别人接受自己的意见或价值观 **适合职业**：健康护理师、商人、执法者或者其他能够让他们展现友善、专注于细节的职业	是否可行；试图了解别人、协助别人发展潜能；适应性强，有弹性；如果和自己的价值观没有抵触，往往能包容他人 **适合职业**：咨询服务人员、作家、艺术家或者其他能够让他们展现他们的价值观的职业	多于社交活动；沉静，易于满足，适应性强，有弹性；在感兴趣的范畴内，有非凡的能力去专注而深入地解决问题；有怀疑精神，喜欢批评，善于分析 **适合职业**：科学技术人员或者其他能够让他们基于自己的专业技术知识独立、客观分析问题的职业
ESTP	**ESFP**	**ENFP**	**ENTP**
特点：有弹性，容忍；讲求实际，专注于即时的效益；对理论和概念的解释感到不耐烦，希望以积极的行动解决问题；专注于此时此地；喜欢主动与别人交往 **适合职业**：市场人员、商人、执法者、技术人员或者其他能够让他们利用行动关注必要细节的职业	**特点**：外向，友善，包容；热爱生命，喜欢物质享受；喜欢与别人共事；在工作上注重常识和实用性，注意现实情况；富有灵活性、即兴性，易接受新朋友和适应新环境；与别人一起学习新技能时可以达到最佳的学习效果 **适合职业**：健康护理师、教师、教练、儿童保育人员或者其他能够让他们利用外向的天性和热情去帮助那些有实际需要的人的职业	**特点**：热情，富于想象力；认为生活充满可能性；能够很快地找出资料之间的关联；很需要别人的肯定，乐于欣赏和支持别人；即兴而富有弹性，信赖自己的临场表现和语言能力 **适合职业**：咨询服务人员、教师、艺术家或者其他能够让他们以创造和交流去促进他人成长的职业	**特点**：思维敏捷，机灵，警觉性强，勇于发言；能随机应变地应对新的和富于挑战性的问题；善于找出理论上的可能性，再用战略的眼光分析；善于洞察别人的想法；对日常例行事务感到厌倦；甚少以相同方法处理同一件事情，能够灵活地处理接二连三的新事物 **适合职业**：科学或技术人员、管理人员、艺术家或者其他能够让他们有机会不断承担新挑战的职业
ESTJ	**ESFJ**	**ENFJ**	**ENTJ**
特点：讲求实际，注重现实；果断，能很快做出实际可行的决定；能够制订计划和组织人员以完成工作，尽可能以最有效率的方法达到目的；能够注意日常例行工作的细节；有清晰的逻辑标准，会有系统地遵照执行，也希望别人遵照执行；会以强硬的态度去执行计划 **适合职业**：管理者、执法者或者其他能够让他们以逻辑标准和组织能力完成任务的职业	**特点**：有爱心，尽责，善于合作；渴望和谐的环境，而且有决心营造这样的环境；喜欢与别人共事，能准确地、准时地完成工作；忠诚，即使在细微的事情上也如此；能够注意别人在日常生活中的需要而努力满足他们；渴望别人赞赏他们所做的贡献 **适合职业**：教师、健康护理师或者其他能够让他们以个人关怀为他人提供服务的职业	**特点**：温情，有同情心，反应敏捷，有责任感；高度关注他人的情绪、需要和动机；能够看到他人的潜能，帮助他人发挥潜能；能够积极地协助他人和组织的成长；忠诚，对赞美和批评都能很快做出回应；社交活跃，在一组人当中能够惠及他人 **适合职业**：艺术家、教师或者其他能够让他们帮助他人实现情感、智力和精神成长的职业	**特点**：坦率，果断，乐于作为领导者；很容易看到不合逻辑和缺乏效率的程序和政策，从而创造和实施一种能够顾及全面的制度去解决组织中的问题；喜欢有长远的计划，喜欢制定目标；往往博学多闻，追求知识，又能把知识传授给他人；能够有力地提出自己的主张 **适合职业**：管理者、领导者或者其他能够让他们运用实际分析、战略计划和组织能力完成任务的职业

性格类型没有好坏、对错之分。每种类型都是独特的,都会在适合的环境中发挥自己的作用。世界上没有百分之百适合某种性格的职业,也没有百分之百不适合某种性格的职业,懂得用己所长才是问题解决之道。

课堂活动

一、测试须知

MBTI职业性格测试提供的性格类型描述仅供测试者确定自己的性格类型用。性格类型没有好坏,只有不同。每一种性格类型都有其价值和优点,也都有需要注意和改进的地方。清楚地了解自己性格的优势与劣势,有利于更好地发挥自己的优势,回避自己的劣势,更好地和他人相处,更好地做出重要的决策。

本测试分为四部分,共93题,用时约18分钟。所有题目的答案都没有对错之分,请根据自己的实际情况选择,并将所选择的A项或B项对应的圆圈涂黑。

参加测试时请务必诚实、独立地回答问题,只有如此,才能得到有效的结果。只要认真、真实地填写了测试问卷,通常情况下你都能得到一个和自己的性格相匹配的类型。希望你能从中或多或少地获得一些有益的信息。

二、MBTI职业性格测试问卷

(1) 在表1-8中,哪些答案能贴切地描绘你平时的感受或行为?

表1-8　MBTI职业性格测试表1

序号	问题描述	选项	E	I	S	N	T	F	J	P
1	当你要外出一整天时,你会(　　)。 A.计划好要做什么和什么时候做 B.说去就去	A							○	
		B								○
2	你认为自己是一个(　　)。 A.较为随意的人 B.较有条理的人	A								○
		B							○	
3	假如你是一位老师,你会选教(　　)。 A.以事实为主的课程 B.以理论为主的课程	A			○					
		B				○				
4	你通常(　　)。 A.容易与人混熟 B.比较沉静或矜持	A	○							
		B		○						
5	一般来说,你和(　　)比较合得来。 A.富于想象力的人 B.现实的人	A				○				
		B			○					

续 表

序号	问 题 描 述	选项	E	I	S	N	T	F	J	P
6	你经常让( )。 A. 你的情感主宰你的理智 B. 你的理智主宰你的情感	A						○		
		B					○			
7	在处理事情上,你喜欢( )。 A. 随兴之所至行事 B. 按照计划行事	A								○
		B							○	
8	你( )。 A. 让人容易了解 B. 让人难以了解	A	○							
		B		○						
9	按照程序做事( )。 A. 合你心意 B. 令你感到束缚	A							○	
		B								○
10	当有一个特别的任务时,你会( )。 A. 在开始前小心组织、计划 B. 边做边想需要做什么	A							○	
		B								○
11	在大多数情况下,你会选择( )。 A. 顺其自然 B. 按程序做事	A								○
		B							○	
12	大多数人会说你是一个( )。 A. 重视自我隐私的人 B. 非常坦率、开放的人	A		○						
		B	○							
13	你宁愿被人认为是一个( )。 A. 实事求是的人 B. 机灵的人	A			○					
		B				○				
14	在一大群人当中,通常是( )。 A. 你介绍大家认识 B. 别人介绍你和大家认识	A	○							
		B		○						
15	你会跟( )人做朋友。 A. 常提出新主意的 B. 脚踏实地的	A				○				
		B			○					
16	你倾向( )。 A. 重视感情胜过逻辑 B. 重视逻辑胜过感情	A						○		
		B					○			

续 表

序号	问题描述	选项	E	I	S	N	T	F	J	P
17	你比较喜欢( )。 A. 坐观事情发展后再做计划 B. 很早就做计划	A								○
		B							○	
18	你喜欢花很多的时间( )。 A. 独处 B. 和别人待在一起	A		○						
		B	○							
19	与很多人一起( )。 A. 令你活力倍增 B. 令你心力交瘁	A	○							
		B		○						
20	你比较喜欢( )。 A. 很早便把约会、社交等事情安排妥当 B. 无拘无束,看什么好玩就做什么	A							○	
		B								○
21	计划旅程时,你较喜欢( )。 A. 跟着当天的感觉行事 B. 事先安排好做什么	A								○
		B							○	
22	在社交聚会中,你( )。 A. 常常感到郁闷 B. 常常乐在其中	A		○						
		B	○							
23	你通常( )。 A. 容易和别人混熟 B. 倾向自处一隅	A	○							
		B		○						
24	( )更吸引你。 A. 思维敏捷、非常聪颖的人 B. 实事求是、具有丰富常识的人	A				○				
		B			○					
25	在日常工作中,你( )。 A. 喜欢处理迫使你分秒必争的突发事件 B. 通常预先计划,以免在压力下工作	A								○
		B							○	
26	别人一般( )。 A. 要花很长时间才能了解你 B. 用很短的时间便能了解你	A		○						
		B	○							

（2）在表1-9中的各对词语中，哪一个词语更合你心意？请仔细想想这些词语的意义，而不要理会它们的字形或读音。

表1-9 MBTI职业性格测试表2

序号	问题描述	选项	E	I	S	N	T	F	J	P
27	A. 注重隐私的 B. 坦率开放的	A		○						
		B	○							
28	A. 预先安排的 B. 无计划的	A							○	
		B								○
29	A. 抽象的 B. 具体的	A				○				
		B			○					
30	A. 温柔的 B. 坚定的	A						○		
		B					○			
31	A. 思考 B. 感受	A					○			
		B						○		
32	A. 事实 B. 意念	A			○					
		B				○				
33	A. 冲动 B. 决定	A								○
		B							○	
34	A. 热情的 B. 文静的	A	○							
		B		○						
35	A. 文静的 B. 外向的	A		○						
		B	○							
36	A. 系统化的 B. 随意的	A							○	
		B								○
37	A. 理论 B. 肯定	A				○				
		B			○					
38	A. 敏感的 B. 公正的	A						○		
		B					○			

续 表

序号	问 题 描 述	选项	E	I	S	N	T	F	J	P
39	A.令人信服的 B.感人的	A					○			
		B						○		
40	A.声明 B.概念	A			○					
		B				○				
41	A.不受约束的 B.预先安排的	A								○
		B							○	
42	A.矜持的 B.健谈的	A		○						
		B	○							
43	A.有条不紊的 B.不拘小节的	A							○	
		B								○
44	A.意念 B.实况	A				○				
		B			○					
45	A.同情 B.远见	A						○		
		B				○				
46	A.利益 B.祝福	A					○			
		B						○		
47	A.务实的 B.理论的	A				○				
		B				○				
48	A.朋友不多的 B.朋友众多的	A		○						
		B	○							
49	A.有系统的 B.即兴的	A							○	
		B								○
50	A.想象丰富的 B.就事论事的	A				○				
		B			○					
51	A.亲切的 B.客观的	A						○		
		B					○			

续　表

序号	问 题 描 述	选项	E	I	S	N	T	F	J	P
52	A. 客观的 B. 热情的	A					○			
		B						○		
53	A. 建造 B. 发明	A			○					
		B				○				
54	A. 文静的 B. 合群的	A		○						
		B	○							
55	A. 理论 B. 事实	A				○				
		B			○					
56	A. 富有同情心的 B. 合乎逻辑的	A						○		
		B					○			
57	A. 具有分析力的 B. 多愁善感的	A					○			
		B						○		
58	A. 合情合理的 B. 令人着迷的	A			○					
		B				○				

（3）表1-10中各个问题的哪一个答案能贴切地描绘你一般的感受或行为？

表1-10　MBTI职业性格测试表3

序号	问 题 描 述	选项	E	I	S	N	T	F	J	P
59	当你要在一个星期内完成一个大项目时,你在开始的时候会（　　）。 A. 把要做的工作依次列出 B. 马上动工	A							○	
		B								○
60	在社交场合,你经常感到（　　）。 A. 很难对人们打开话匣子并与之保持对话 B. 与多数人都能从容地长谈	A		○						
		B	○							
61	要做许多人都做过的事,你比较喜欢（　　）。 A. 按照一般人认可的方法去做 B. 构想自己的方法去做	A			○					
		B				○				

续　表

序号	问 题 描 述	选项	E	I	S	N	T	F	J	P
62	你对刚认识的朋友(　　)说出你的兴趣。 A. 马上可以 B. 要待他们真正了解你之后才可以	A	○							
		B		○						
63	你通常较喜欢的科目是(　　)。 A. 关于概念和原则的 B. 关于事实和数据的	A				○				
		B			○					
64	你认为(　　)是较高的赞誉。 A. 感性的人 B. 理性的人	A						○		
		B					○			
65	你认为按照程序做事(　　)。 A. 有时是需要的，但一般来说你不大喜欢这样做 B. 大多数情况下有帮助，而且是你喜欢的	A								○
		B							○	
66	和一群人在一起，你通常会(　　)。 A. 跟你熟悉的个别人谈话 B. 参与大伙的谈话	A		○						
		B	○							
67	在社交聚会上，你会(　　)。 A. 是说话很多的一个 B. 让别人多说话	A	○							
		B		○						
68	把周末要完成的事列成清单，这个主意(　　)。 A. 合你意 B. 使你提不起劲	A							○	
		B								○
69	你认为(　　)是较高的赞誉。 A. 能干 B. 富有同情心	A					○			
		B						○		
70	你通常喜欢(　　)。 A. 事先安排你的社交约会 B. 随兴之所至做事	A							○	
		B								○
71	要做一项大型作业时，你会选择(　　)。 A. 边做边想该做什么 B. 首先把工作按步细分	A								○
		B							○	

续　表

序号	问题描述	选项	E	I	S	N	T	F	J	P
72	你（　　）滔滔不绝地聊天。 A. 只跟和你有共同兴趣的人可以 B. 几乎跟任何人都可以	A		○						
		B	○							
73	你会（　　）。 A. 采用被证明有效的方法做事 B. 分析还有什么问题，并攻克尚未被解决的难题	A			○					
		B				○				
74	为乐趣而阅读时，你（　　）。 A. 喜欢奇特或创新的表达方式 B. 喜欢直接的表达方式	A				○				
		B			○					
75	你宁愿替（　　）上司工作。 A. 天性纯良但常常前后不一的 B. 言辞尖锐但永远合乎逻辑的	A						○		
		B					○			
76	你做事时多数是（　　）。 A. 按当天的心情去做 B. 按拟好的程序去做	A								○
		B							○	
77	你（　　）。 A. 可以和任何人按需求从容地交谈 B. 只对某些人或只在某种情况下才可以畅所欲言	A	○							
		B		○						
78	要做决定时，你认为比较重要的是（　　）。 A. 根据事实衡量 B. 考虑他人的感受和意见	A					○			
		B						○		

（4）表1-11中各个问题的哪一个答案能贴切地描绘你一般的感受或行为？

表1-11　MBTI职业性格测试表4

序号	问题描述	选项	E	I	S	N	T	F	J	P
79	A. 想象的 B. 真实的	A				○				
		B			○					
80	A. 仁慈慷慨的 B. 意志坚定的	A						○		
		B					○			

续　表

序号	问题描述	选项	E	I	S	N	T	F	J	P
81	A. 公正的 B. 有关怀心的	A					○			
		B						○		
82	A. 制作 B. 设计	A			○					
		B				○				
83	A. 可能性 B. 必然性	A				○				
		B			○					
84	A. 温柔 B. 力量	A						○		
		B					○			
85	A. 实际的 B. 多愁善感的	A					○			
		B						○		
86	A. 制造 B. 创造	A			○					
		B				○				
87	A. 新颖的 B. 已知的	A				○				
		B			○					
88	A. 同情 B. 分析	A						○		
		B					○			
89	A. 坚持己见的 B. 有爱心的	A					○			
		B						○		
90	A. 具体的 B. 抽象的	A			○					
		B				○				
91	A. 全心投入的 B. 有决心的	A						○		
		B					○			
92	A. 能干的 B. 仁慈的	A					○			
		B						○		
93	A. 实际的 B. 创新的	A			○					
		B				○				

三、评分规则

将8个栏目（E、I、S、N、T、F、J、P）中涂黑的圆圈个数分别累加,每个计1分。将每个项目的分数分别填入表1-12。

表1-12　MBTI职业性格测试计分表

项目	外向(E)	内向(I)	感觉(S)	直觉(N)	思考(T)	情感(F)	判断(J)	认知(P)
分数								

四、MBTI性格类型确定

（1）MBTI职业性格测试从四个维度来评估你的性格类型倾向:"E—I""S—N""T—F"和"J—P"。每个维度中,获得较高分数的那个倾向就代表了你的性格类型倾向。例如,你的得分是E(外向)12分,I(内向)9分,那你的倾向便是E(外向)。

（2）将代表获得较高分数的倾向的字母填在下方的括号内。如果在一个维度中,两个倾向的得分相同,则依据同分处理规则来确定你的类型倾向。同分处理规则是:假如E=I,请填上I;假如S=N,请填上N;假如T=F,请填上F;假如J=P,请填上P。

（3）你的MBTI职业性格类型是(　　　　)。

 认知职业兴趣

（一）职业兴趣的内涵和意义

爱因斯坦曾说:"兴趣是最好的老师,它可以激发人的创造热情、好奇心和求知欲。"当兴趣直接指向与职业有关的活动时,就形成了职业兴趣。职业兴趣体现为个人对职业的喜爱。有了职业兴趣,个人就会全心全意地投入工作,并得到快乐和满足感;相反,如果缺乏职业兴趣,就会觉得工作索然无味,参与度和满足感都会大打折扣。

微课 1-3:
解码职业兴趣

纵观古今中外,凡是在事业上取得成就者,无一不对所从事的职业怀有极大的兴趣。具体来说,职业兴趣对职业生涯的影响主要表现在以下三个方面。

第一,职业兴趣是我们选择职业生涯发展领域的重要依据。在外界环境限制较小时,我们更倾向于选择自己感兴趣的职业。对自己的职业兴趣有正确的认识后,我们就可以正确选择职业生涯发展领域。

第二,职业兴趣可以增强我们对职业生涯的适应性。职业兴趣可以通过增强我们的工作动机促进我们能力的发挥,大大提高我们的工作效率。

第三,职业兴趣会影响我们的工作满意度和稳定性。职业兴趣会影响我们对工作的满意度,在某些情况下甚至具有决定性作用。从事感兴趣的职业不但能让我们感到满意,而且能让我们的工作更加长久和稳定。

赵亚夫：走好科技兴农富农路

把大米酿成米酒，剩余的酒糟做成黑猪饲料，再把黑猪排泄的粪便堆肥给桃树，散养的鸡鸭穿梭在树荫下，啄食坠落的果实，鸡粪、鸭粪同样化作肥料……这个家庭农场生态"小循环"是江苏省句容市天王镇戴庄有机农业专业合作社研究员赵亚夫（图1-4）带领当地农民就生态农业进行的新探索。"我们戴庄村的有机稻田已连续16年不施化肥、不打农药了。"倡导有机循环种养、实施农业

图1-4 赵亚夫（左）在查看果树生长情况

生态修复，这是赵亚夫带领戴庄村农民蹚出来的一条农业高质量发展之路。

很难想象，如今践行先进生态农业理念的戴庄村是昔日茅山革命老区丘陵腹地的"穷山村"。2002年，从工作岗位上退下来的赵亚夫执意来这里推广农业技术。彼时戴庄村人均年收入不足3 000元。戴庄村党委书记回忆起赵亚夫刚到村里想打开局面时的艰难处境，说："他当时到戴庄村来，说发展有机农业，桃子种出来能卖五块钱一斤。老百姓听到之后说：'那个老头子瞎讲，我们的桃子卖一块钱三斤，你想卖五块钱一斤，不是天方夜谭吗？'"面对村民的质疑，赵亚夫没有辩驳，默默在流转的175亩岗坡地上建起了示范园，教农民技术，还付农民工资。不久，"天方夜谭"变为现实。凭着有机水稻及水蜜桃、葡萄、无花果等高经济附加值的水果种植，亩产收入比常规栽培提高了四到五倍。赵亚夫还牵头成立了合作社，农民的抗风险能力提高了，市场消息灵通了，腰包也鼓起来了。"要致富，找亚夫，找到亚夫准能富"的顺口溜越传越远。

几十年如一日，"做给农民看，带着农民干，帮助农民销，实现农民富"，在人们眼中，赵亚夫俨然是热心的农业"万事通"，有困难可以随时打电话找他。村民们时常看到赵亚夫戴着厚厚的眼镜，弯腰弓背走在田里，时而俯身查看作物长势，时而直起身来眺望远方，若有所思。在赵亚夫的不懈努力下，昔日的低产土地上如今种出了高产有机稻，不使用任何农药、化肥，每年收两季，年亩产量提高到500千克。

"他这么大年纪了，又有退休金，在家享享清福、歇歇不好吗？何苦在稻田里爬来爬去，在果林里汗流浃背？"令戴庄村农民不解的是，赵亚夫为啥总是干劲这么足？赵亚夫总是笑而不语。他怀着格外高远的理想，要为实现农业现代化、让农民过上更幸福的生活做出自己的贡献。

（资料来源：刘宇轩，赵亚夫：走好科技兴农富农路，新华网）

分析：

在田野里、果园中挥洒汗水，虽然村民们对他的行为有些不解，赵亚夫却在科技兴农的实践中自得其乐。树立高尚的职业兴趣有助于我们走好职业发展之路，帮助我们攻坚克难，奋力拼搏，最终收获职业成长中的幸福。

课堂活动

职业兴趣探索可以通过参考霍兰德职业兴趣类型进行。下面,我们通过一个具体情境展开探索。

假如你获得了一次免费度假游的机会,有机会去下列六个岛屿中的一个,唯一的要求是你必须在这个岛上待至少六个月的时间。请不要考虑其他因素,仅凭自己的兴趣按顺序挑出你最想前往的三个岛屿。

A岛为自然、原始的岛屿。岛上的自然生态保持得很好,保留着原始植物,有各种野生动物及相当规模的动物园、植物园、水族馆。居民以手工见长,自己种植花果蔬菜、修缮房屋、打造器物、制作工具,喜欢户外运动。

B岛为深思、冥想的岛屿。岛上人迹较少,建筑物多偏处一隅。岛上有多处天文馆、科技馆及图书馆。居民喜好观察、学习,崇尚真知,在这里常有机会和来自各地的哲学家、科学家、心理学家交换心得。

C岛为美丽、浪漫的岛屿。岛上充满了美术馆、音乐厅、街头雕塑和街边艺人,弥漫着浓厚的文化艺术气息,保留了传统的舞蹈、音乐与绘画,许多文艺界人士都喜欢来这里找寻灵感。

D岛为友善、亲切的岛屿。居民个性温和、友善、乐于助人,各社区均自成一个密切互动的服务网络,居民重视互助合作,重视教育,关怀他人,岛上充满人文气息。

E岛为显赫、富庶的岛屿。居民善于经营和贸易,能言善道。岛上经济高度发达,处处是高级饭店、俱乐部、高尔夫球场。来往者多是企业家、经理人、政治家、律师等。

F岛为现代、井然的岛屿。岛上建筑十分现代化,是进步的都市形态,以完善的户政管理、地政管理、金融管理见长。居民个性冷静、保守,处事有条不紊,善于组织规划,细心高效。

你最想前往的三个岛屿分别是 _____、_____、_____。

你最不想前往的岛屿是 _____。

你最想前往的岛屿反映了你喜欢的工作和活动,你最不想前往的岛屿反映了你不喜欢的工作和活动。每个岛屿都对应着一个霍兰德职业兴趣类型(表1-13),通过对照每个岛屿代表的职业兴趣类型,你可以了解自己喜欢和不喜欢的职业,帮助自己在职业定位的时候明晰自己的方向。

A岛对应的职业兴趣类型是R;B岛对应的职业兴趣类型是I;C岛对应的职业兴趣类型是A;D岛对应的职业兴趣类型是S;E岛对应的职业兴趣类型是E;F岛对应的职业兴趣类型是C。

你的霍兰德职业兴趣类型是 _____。

表1-13　霍兰德职业兴趣类型

职业兴趣类型	特　点	职业倾向
实用型（R）	愿意使用工具从事操作性工作；动手能力强，做事手脚灵活、动作协调；偏好完成具体任务，不善言辞，不善交际	适合从事工程技术工作、农业工作，通常需要一定体力，需要运用工具或操作机器 主要职业：工程师，技术员，机械操作、维修、安装工人，矿工，木工，电工，鞋匠，司机，测绘员，描图员，农民，牧民，渔民等
研究型（I）	抽象思维能力强，求知欲强，肯动脑，善思考，不愿动手；喜欢独立的和富有创造性的工作；知识渊博，有学识、才能，不善于领导他人	适合从事科学研究和科学实验工作 主要职业：自然科学和社会科学方面的研究人员，化学、冶金、电子、无线电、电视、飞机等方面的工程师、技术人员，飞机驾驶员，计算机操作员等
艺术型（A）	喜欢以各种艺术创作表现自己的才能，实现自身的价值；具有特殊艺术才能；乐于创造新颖的、与众不同的艺术成果，渴望表现自己的个性	适合从事艺术创作工作 主要职业：音乐、舞蹈、戏剧等方面的演员、编导、教师，文学、艺术等方面的评论员，广播、电视节目的主持人，编辑，作者，绘画、书法、摄影家，艺术、家具、珠宝、房屋装饰等行业的设计师等
社会型（S）	乐于助人，喜欢从事为他人服务和教育他人的工作；喜欢参与解决人们共同关心的社会问题，渴望发挥自己的社会作用；寻求亲近的人际关系，比较看重社会义务和社会道德	适合从事直接为他人服务的工作，如医疗、教育、生活服务等方面的工作 主要职业：教师，保育员，行政人员，医护人员，衣食住行等服务行业的经理、管理人员和服务人员，福利人员等
企业型（E）	追求权力、权威和物质财富，具有领导才能；喜欢竞争，敢冒风险；精力充沛，自信，善于交际，口才好，做事巧妙	适合从事组织与影响他人共同实现组织目标的工作 主要职业：企业家，职业经理人，政府官员，商人，行业部门和单位的领导者、管理者等
传统型（C）	喜欢按计划办事，习惯接受他人的指挥和领导，自己不谋求领导职务；不喜欢冒险和竞争；工作踏实，忠诚可靠，遵守纪律	适合从事与文件档案、图书资料、统计报表相关的工作 主要职业：会计，出纳，统计人员，打字员，办公室人员，秘书，文书，图书管理员，旅游、外贸行业职员，保管员，邮递员，审计人员，人事职员等

 思考与讨论

如果有兴趣，但欠缺能力，应该怎样进行职业选择？

（二）培养职业兴趣

人的职业兴趣不是与生俱来的，而是在生产和生活实践过程中逐渐产生、培养和发展起来的。培养职业兴趣要以具有一定的素质为前提，如果不具备关于职业的知识，或根本不了解该职业，那就不可能真正产生职业兴趣。对大学生来说，培养职业兴趣可以从以下几个方面入手。

1. 拓宽职业认识面

认识的职业种类越多，对职业的性质了解得越细致，职业兴趣就会越广泛。职业兴趣越广泛，择业动机就会越强，择业余地就会越大。

2. 养成必要的社会责任心

当就业环境和自身素质决定我们必须干自己不喜欢的工作时，应该以对社会负责的态度，在工作中培养自己的职业兴趣，即所谓"干一行，爱一行"。事实上，在就业时，我们并不总是能够挑选到自己的理想职业。未能找到满意的职业时，必须尽快调整职业期望值，适应就业环境，在所在的岗位上培养职业兴趣，干出一番事业。

拓展阅读 1-2：
高新连心桥党员服务队："连心连情，有呼必应"

3. 量体裁衣

才干与兴趣有着互相推动的作用，才干能产生兴趣，兴趣又会强化才干。我们应根据自己所拥有的才干去培养职业兴趣。

职业兴趣是以社会的职业需要为基础，并在一定的教育条件下形成和发展起来的，即使缺乏对某些职业的兴趣，也可以在实践活动中通过多种途径去培养。在培养职业兴趣的过程中，还应注意培养既广泛又不失重心的兴趣，并且要使得培养的职业兴趣具有实际意义和稳定性。广泛而切实的职业兴趣能减少我们在职业选择上受到的限制，让我们在职业有变动时也能较快地适应新的职业；有重心且稳定的职业兴趣则能使我们专注于自己的本职工作，深入钻研并有所成就。

三、探索职业能力

（一）认识能力与职业能力

能力按照先天具有与后天培养两种获得方式，可以分为能力倾向和技能两大类。能力倾向是每个人与生俱来的特殊才能，如音乐能力、运动能力，它是一种潜能。技能则是经过后天学习和练习培养形成的能力，如人际交往能力、表达能力。

职业能力是人们从事职业活动时所需的多种能力的综合，是人们将所具有的知识、技能和态度在特定的职业活动或情境中进行类化迁移与整合所形成的可以完成一定职业任务的能力。在职涯中，职业能力是实现就业的关键，也是获得职业成功的前提。具有较强的职业能力，可以在工作时游刃有余，获得较强的工作愉悦感和成就感，也会取得更好的工作绩效，从而获得更快、更好的职业生涯发展。随着职业能力的积累和发挥，职业发展空间会越来越大，而随着职业发展空间的增大，职业能力的提升也会更快，形成良性循环，最终帮助个人取得成功。

（二）职业能力探索——技能三分法

辛迪·梵和理查德·鲍尔斯把职业能力分成专业知识技能、可迁移技能（或称通用技能）和自我管理技能。也就是说，要想胜任一项工作，必须做到这三点：一是有理论背景，二是有操作技能，三是有这项工作要求具备的品质。

1. 专业知识技能

知识是人类历史经验的总结，是信息在人们头脑中的储存。专业知识技能就是个人所掌握的理论知识和基本概念，一般用名词表示，与专业学习或工作内容直接相关，需要通过有意识、专门的培训获得，不能迁移。获得专业知识技能是我们走进行业的第一步。

专业知识技能并非只有通过正式的学校教育才能获得。除学校教育外，我们还可以通过课外培训、辅导班、自学、讲座、研讨会、资格认证考试、上岗培训、社会实践、社团活动等多种途径获得专业知识技能。

2. 可迁移技能

可迁移技能即个人所能胜任的活动，具体表现为个人所能从事的工作内容，一般用动词表示。可迁移技能表现为跨学科、跨领域的技能，可以通用、迁移，可以在生活中的方方面面，特别是工作之外得到发展。它们不是通过记忆和背诵，而是通过实践、练习，如参与实践、归纳总结、观察学习、模仿体会、专业训练、实习培训、业余爱好等获得的。专业知识技能的运用是建立在可迁移技能的基础之上的。

3. 自我管理技能

自我管理技能即个人在工作中所表现出来的特征和品质，一般用形容词或副词表示。良好的自我管理技能能够帮助个人更好地适应周围的环境，应对工作中出现的问题，也被称为适应性技能。它通常是通过认同、模仿、内化等途径获得的。它反映了个人如何为人处世，涉及个人在不同的环境中如何管理自己：是勇于创新还是循规蹈矩，是认真还是敷衍了事，能否在压力下保持镇定，是否对工作有热情，是否自信等。

课堂活动

请写下生活中令你有成就感的具体事件。这些成就事件可以是工作、学习、实践活动中的，也可以是家庭生活中的。它们不必是惊天动地的大事，只要符合以下两个标准，就可以被视为成就事件：① 你喜欢做这件事时的感受；② 你为完成它而感到自豪。成就故事应当包含以下要素：① 你想达到的目标；② 你面临的障碍或困难；③ 你的具体行动步骤；④ 你取得了什么成就（最好能用某种方法衡量或以数据说明）。

请对这些成就事件进行分析，看看你在其中使用了哪些技能，特别是可迁移技能。如果有条件的话，请和两三个同学一起分析讨论，看看这些成就故事中是否有重复出现的技能，它们就是你擅长的技能。

祝雪兰：茶香氤氲蕴初心

广西苍梧县六堡镇的山路上，茶香扑鼻，馥郁芬芳。正是采收秋茶的时节，六堡镇山坪村的祝雪兰（图1-5）家里，村民们正陆续送来采摘好的茶叶。称重、登记，祝雪兰把村民们送来的茶叶一一记录在册。祝雪兰是山坪村党支部书记、村委会主任，也是六堡茶制作技艺自治区级代表性传承人，经过她统一炒制的六堡茶因成熟、稳定的品质受到市场欢迎。

"我从小就看着外公外婆制作六堡茶，杀青、揉捻、干燥，每一个步骤都要很细致，做出来的茶才又香又耐泡。"祝雪兰说。以"红、浓、陈、醇"及独特的槟榔香闻名的六堡茶因产地得名，"茶船古道"舟楫往来的盛况至今还为人津津乐道。海拔600米以上的山坪村有着种植六堡茶的天然优势，然而，曾经的山坪村并没有因茶而兴。山多地少的自然条件成为天然的掣肘，交通不便、信息闭塞使山坪村一度成了贫困村。

图1-5 祝雪兰走在村道上

2008年，祝雪兰当选为山坪村党支部书记，她立志要寻找一条让乡亲们脱贫致富的道路。祝雪兰与乡亲们商量决定，要做"茶文章"。传承千年的六堡茶有一套高标准的制作工艺，但山坪村各家各户的制作工艺并不统一，村民们无力生产出高质量、受欢迎的茶叶，茶叶质量参差不齐。

出生在"制茶世家"的祝雪兰从小就浸在茶香里。看着村里漫山遍野的茶树，她决定公开家里的制茶技艺。"祖传的手艺怎么能传给外人？"想法刚一提出便遭到家人反对，但祝雪兰有自己的坚持："产业要发展，单打独斗当然比不上抱团发展，只有打出自己的品牌，才能真的把产业做好。不把手艺传给大家，我们村怎么走出这六堡大山？"

凭借高超的制茶技艺，祝雪兰办起了"茶园讲堂"，自家炒茶的小平房成了"教室"。她把家中祖传的高超技艺传授给山坪村和邻近村镇的民众，帮助近千名茶产业从业者掌握了传统制茶工艺。在她的不断努力下，山坪村成功脱贫，成熟茶园面积也从300亩扩大到2 600多亩。由于带领山坪村不断孕育振兴动能，祝雪兰被评为全国脱贫攻坚先进个人、全国优秀党务工作者。

（资料来源：吴思思、郭轶凡，祝雪兰：茶香氤氲蕴初心，新华网）

分析：

祝雪兰凭借高超的制茶技艺，不但实现了自我的职业发展，更带动乡亲们一起走上了致富的道路。培养职业能力需要经历一个综合性的过程。我们要通过不断学习提升自己的能力，最终取得职业生涯的成功。

（三）培养职业能力的主要途径

1. 主动参与各类课程的学习

主动参与各类课程的学习可以提升专业知识技能和可迁移技能的水平，为成为合格的职业人打下坚实的基础。另外，学校开设了丰富多彩的公共选修课、专业选修课，我们可以根据自己的兴趣、爱好进行选择。应充分利用学校丰富的课程教学资源，积极参与课程学习和各类专业竞赛、活动，掌握专业知识技能，培养可迁移技能和自我管理技能，为将来就业打造核心竞争力。

2. 积极参与第二课堂活动

在教学计划之外，学校、二级学院、各系部每年都会开展形式多样、内容各异的文化活动，如校园文化艺术节、讲座、报告会、社团活动，统称为第二课堂活动。第二课堂活动拓展了教学内容和范围，极大丰富了大学生的课余生活。积极参与第二课堂活动的同学们可以在活动中发挥自己的特长，提升自身的职业能力和综合素质。

3. 参加职业技能培训

在校期间参加各种职业技能培训，可以给自己"充电"，我们在获得职业技能的同时，还能获得相关部门颁发的资格证书，可以为我们今后的求职、就业和职业发展提供"硬件"支撑。

4. 广泛参与社会实践

参与社会实践是提高职业能力的又一个重要途径。在招聘中，许多用人单位都要求高校毕业生有相关工作经验，这恰恰是许多毕业生的"软肋"。在校期间，我们应充分利用节假日和寒暑假，积极参与各种社会实践，在了解社会、增加阅历、积累经验的同时培养职业能力。

撰写自我职业倾向分析报告

请同学们参照以下栏目，撰写自我职业倾向分析报告（表1-14）。

表1-14 自我职业倾向分析报告

我的兴趣：
有可能成为职业兴趣的兴趣：

续　表

我的职业兴趣类型：
与我的兴趣匹配的职业：
我较突出的能力：
我针对以上内容进行的职业定位：

任务四　进行职业定位

一 了解职业分类

(一) 职业分类的发展历程

　　远古时代,社会生产力水平很低,人类活动的目标很简单,基本的生产活动是采集、狩猎、捕鱼。原始社会末期,人们由对野生植物的采集逐步发展为对植物有目的的种植,由对野生动物的猎获逐步发展为对动物有目的的驯养。于是,历史上第一次社会大分工——种植业与畜牧业分离出现了。

　　第一次社会大分工后,农业的发展为手工业的兴盛奠定了基础。制陶业、冶金业、铸造业等手工业发达起来,手工业种类逐渐增多,生产技术日益复杂,于是发生了第二次大分工——手工业和农业分离。人们的劳动范围不再局限于农业和游牧业两个部门,而是有了更复杂的劳动分工。

　　第二次社会大分工之后,商品交换日益频繁,交换地区不断扩大,需要有一些人专门经营商品交换业务,作为商品生产者之间不可缺少的中间人,于是出现了商人,产生了商业。商业的出现是人类历史上的第三次社会大分工。第三次社会大分工促进了商品经济的发展。商业的发展促使城市逐渐产生,也出现了脑力劳动和体力劳动的分离。

　　经过三次社会大分工,职业活动成为普通的社会现象,有了农民、牧民、工匠、商人等从事专门职业的群体。可以说,社会分工是职业产生的基础。在漫长的社会进化过程中,社会分工的不断发展催生出了一批又一批的职业。

(二) 我国的职业分类

　　第一部《中华人民共和国职业分类大典》颁布于1999年。2015年,国家职业分类大典修订工作委员会召开全体会议,审议、表决通过并颁布了修订后的《中华人民共和国职业分类大典》(2015年版)。2022年7月,人力资源和社会保障部又向社会公示了新修订的《中华人民共和国职业分类大典》(2022年版),这是对《中华人民共和国职业分类大典》的第二次全面修订。

　　《中华人民共和国职业分类大典》(2022年版)的修订对总体结构不做调整,依据新时代职业发展的状况,优化、更新了相关信息和描述,以充分反映经济社会和科技发展带来的实际业态变化,并围绕数字经济、绿色经济、制造强国和依法治国等方面要求,增设和调整了相关的类别和职业,取消和整合了部分类别和职业。

《中华人民共和国职业分类大典》(2022年版)包括大类8个、中类79个、小类450个、细类(职业)1 639个(表1-15),与2015年版相比,增加了法律事务及辅助人员等4个中类、数字技术工程技术人员等15个小类、碳汇计量评估师等155个职业。

表1-15　《中华人民共和国职业分类大典》(2022年版)类目

大　类	名　称	中　类	小　类	细类(职业)
第一大类	党的机关、国家机关、群众团体和社会组织企事业单位负责人	6	16	25
第二大类	专业技术人员	11	125	492
第三大类	办事人员和有关人员	4	12	36
第四大类	社会生产服务和生活服务人员	15	96	356
第五大类	农、林、牧、渔业生产及辅助人员	6	24	54
第六大类	生产制造及有关人员	32	172	671
第七大类	军人	4	4	4
第八大类	不便分类的其他从业人员	1	1	1

(三)我国未来的职业发展趋势

随着经济、科技的发展和社会的进步,职业也在不断地发展、变化,传统职业不断被新的职业替代。第一、第二产业的职业种类不断减少,第三产业的职业数量不断增加。职业的发展对人们的择业产生了较大的影响。我们只有对社会职业有所了解,掌握未来职业发展的新趋势,才能为将来成功就业做好准备。

拓展阅读1-3:
向"数"、向"新"、向"绿"的新职业发展

(1)第三产业的职业数量大幅增加。随着科技水平的提高,第三产业的职业数量大幅增加,其就业人数在发达国家已超过50%。第三产业具有就业容量大、流动性及弹性强的特点,会吸引更多劳动者从事第三产业的职业。

(2)社会职业的种类越来越多,新职业不断涌现。随着社会生产力的发展,社会分工逐渐精细化,职业的种类也越来越多,物流师、心理咨询师、项目管理师、舞台灯光师、茶艺师、直播带货销售员等各种新职业不断涌现。

(3)职业分工由简单到复杂、精细。以建筑业为例,其最开始只有少数职业,发展到现在已包含建筑设计、监理、造价、土建、装修等各类职业。

(4)社会职业结构变迁的速度越来越快,职业活动的内容不断更新。同样的职业,在不同的时代,其活动内容也会发生变化。如设计院的工程师以前设计图纸时,使用图板、丁字尺、画笔,现在则使用CAD软件。

(5)职业向专业化方向发展。若不具备一定的专业能力,达不到专业要求,就不能从事相关职业。

（6）职业活动自由化。职业活动自由化主要表现为职业活动场所自由化、职业活动时间自由化和自由职业者增多。

随着科技的不断发展和人们生活水平的提高，人工智能、新能源、通信技术、教育科技、生物科技、环保、互联网、金融、平台经济、旅游、医疗保健和养老、虚拟现实（VR）和增强现实（AR）、无人驾驶和物流等行业在可见的未来将具有较大的发展潜力。我国未来的主导职业则将包括会计、计算机、软件开发、环保、健康与保健医药、咨询服务、保险、法律、老年医学服务、公关与服务、市场营销、生命科学、咨询与社会工作、旅游管理与服务、人力资源管理等方面的职业。

二、确定职业目标

（一）职业目标的作用

职业目标是职业生涯规划的核心。有了正确的、适当的职业目标，才能明确奋斗的方向。职业目标对职业生涯发展的意义体现在以下几方面。

1. 职业目标有巨大的导向作用

要想取得成功，首先要制定明确的职业目标。明确的职业目标会使人产生强烈的使命感和社会责任感，激励人们为之努力奋斗，在种种挫折与困难面前矢志不渝，并创造条件，朝着这个目标迈进。

2. 职业目标能够使人明确奋斗的侧重点

微课 1-4：
职业目标的确立

每个人的精力都是有限的，有了明确的目标，就有了奋斗的方向和奋斗的侧重点，从而可以最大限度地发挥自己的潜能，完成最重要的事情。

3. 职业目标影响个人的成就和社会地位

是否拥有职业目标决定了个人在职涯中的发展高度。如果缺少职业目标，在工作中就找不到努力的方向，缺少具体的行动计划，从而随波逐流、碌碌无为。只有在职业目标的指引下，人们才能鼓足干劲，努力奋斗，最终取得成功。

（二）制定职业目标的原则

制定目标的原则包括明确性、可衡量性、可实现性、相关性、时限性。

1. 明确性

我们要用具体的语言清楚地说明要达到的职业目标，切忌含糊不清、模棱两可。职业目标的设计要包含衡量标准、达成措施、完成期限及资源要求，使自己能够清晰地看到未来要做哪些事情，要达到什么程度。

2. 可衡量性

职业目标应该是明确的，要设计一组明确

的标准,作为衡量职业目标是否达成的依据。对职业目标的衡量要遵循"能量化的量化,不能量化的质化"的原则,不要使用形容词来描述。

3. 可实现性

职业目标要有挑战性,但一定要是可达成的,要根据自己的现实水平和能力合理设定。跳起来"摘桃子"的目标是比较合理的,跳起来"摘星星"的目标就是不切实际的,虽然宏大,但缺乏实际意义。

4. 相关性

如果职业目标与你的要实现其他目标没有联系,或相关度极低,那么即使你实现了这个职业目标,意义也不大。

5. 时限性

职业目标的实现是要有时间限制的,要根据工作任务的权重、事情的轻重缓急确定达成目标的时间要求,定期检查计划的完成进度,及时掌握进展和变化情况,根据情况及时调整计划。

(三)制定职业目标的步骤与策略

1. 制定职业目标的步骤

(1)进行自我分析,主要分析自己的专业、性格、气质和价值观等,找出自己的特点。

(2)对自己所处的环境,如经济环境、文化环境进行分析,确定自己所处的位置。

(3)根据分析结果选定职业和职业生涯路线,确定自己该朝哪个方向发展。

(4)确定职业目标,并将该目标详细地写出来。通常先制定人生目标和长期目标,再对其进行分解,根据个人的经历和所处的环境制定相应的中期目标和短期目标。

(5)制定相应的行动计划和落实措施。

 思考与讨论

你准备如何制定自己的大学学涯目标,让其更加具备可行性?

2. 制定职业目标的策略

(1)长期目标和人生目标的制定。

在大多数情况下,长期目标和人生目标比较抽象,可能随着环境的变化而变化,所以在制定时宜以勾画轮廓为主。具体的注意事项有以下几个。

① 要尽可能远大,但不要求具体、详细。

② 要符合工作环境的需求。

③ 要在符合自己的价值观的基础上,与社会发展需求相适应。

④ 要放眼未来,推测可能的职业进步。

(2)短期目标和中期目标的制定。

在选定了人生目标和长期目标后,把其具体化、现实化、可操作化,就形成了许多短期目标和中期目标。具体的注意事项如下。

① 短期目标必须清楚、明确、现实、可行。

② 每个短期目标均包含输出目标和能力目标。

③ 中期目标有比较明确的时间规定。

④ 中期目标应既有激励价值,又现实可行。

三 获取职业资格

(一) 职业资格与"1+X"证书制度

1. 职业资格

职业资格是对从事某一职业所必备的学识、技术和能力的基本要求,反映了劳动者为适应职业劳动需要而运用特定的知识、技术和技能的能力。职业资格与职业劳动的具体要求密切结合,能更直接、更准确地反映特定职业的实际工作标准和操作规范,以及劳动者从事该职业所达到的实际工作能力水平。

职业资格包括从业资格和执业资格。从业资格是从事某一专业(工种)的学识、技术和能力方面的起点标准。国家对某些责任较大,社会通用性强,关系到公共利益的专业(工种)实行准入控制,执业资格是这些专业(工种)的企业依法独立开业或个人从事这些专业(工种)工作在学识、技术和能力方面的必备标准。

2. "1+X"证书制度

2019年,教育部、国家发展改革委、财政部、市场监管总局联合印发了《关于在院校实施"学历证书+若干职业技能等级证书"制度试点方案》,部署启动了"学历证书+若干职业技能等级证书"(简称"1+X"证书)制度试点工作。简单而言,"1"是学历证书,"X"为若干职业技能等级证书。"1+X"证书制度的内容就是让学生在获得学历证书的同时获得多种职业技能等级证书。

"1+X"证书制度不是要于专业教学之外再设计一套培养体系和课程体系,而是要将培训内容有机融入学历教育培养方案。专业课程能涵盖X证书职业技能培训内容的,就不再另设X证书培训;对专业课程未涵盖的培训内容,则通过职业技能培训模块加以补充和拓展。

"1+X"证书制度实现了学历证书与职业技能等级证书体现的学习成果的相互转换。获得学历证书的学生在参加相应的职业技能等级证书考试时,可免试部分内容;获得职业技能等级证书的学生可按规定兑换学历教育的学分,免修相应课程或模块。学历证书与职业技能等级证书的互通互换,为构建国家资历框架奠定了基础。

(二) 职业资格的获取

1. 申报要求

不同级别的鉴定,其申报条件不尽相同。一般而言,参加初级鉴定的人员必须是学徒期满的在职职工或职业学校的毕业生;参加中级鉴定的人员必须是取得初级技能证书并连续工作5年以上,或是经劳动行政部门审定的以中级技能为培养目标的技工学校及其他学校的毕业生;参加高级鉴定的人员必须是取得中级技能证书5年以上,连续从事本职业(工种)生产作业不少于10年,或是经过正规的高级技工培训并取得结业证书的人员;参加技师鉴定的人员必须是取得高级技能证书,具有丰富的生产实践经验和操作技能特长,能解决本工种关键操作技术和生产工艺难题,具有传授技艺能力和培养中级技能人员能力的人员;参加高级技师鉴定的人员必须是任技师3年以上,具有高超精湛技艺和综合操作技能,能解决本工种专业高难度生产工艺问题,在技术改造、技术革新及排除事故隐患等方面有显著成绩,而且具有培养高级工和组织带领技师进行技术革新和技术攻关能力的人员。

2. 报名方法

申请职业技能鉴定的人员可向当地职业技能鉴定所(站)提出申请,填写职业技能鉴定申请表。报名时应出示本人身份证、培训毕(结)业证书、技术等级证书和工作单位劳资部门出具的工作年限证明等。申报技师、高级技师鉴定的人员,还须提供本人的技术成果和工作业绩证明,并提交本人的技术总结和论文资料等。

3. 考试内容和形式

职业技能鉴定分为理论知识考试和操作技能考核两部分。理论知识考试一般采取笔试形式。操作技能考核可采取工作现场操作、模拟现场操作、问题答辩等方式进行。考试内容是依据国家职业(技能)标准、职业技能鉴定规范和相应教材确定的。计分一般采用百分制,两部分成绩都在60分以上为合格,80分以上为良好,95分以上为优秀。

4. 获证程序

职业技能鉴定所(站)将考核合格人员名单报经当地职业技能鉴定指导中心审核,再报经同级劳动保障行政部门或行业部门劳动保障工作机构批准后,由职业技能鉴定指导中心按照国家规定的证书编码方案和填写格式要求统一办理证书,加盖职业技能鉴定机构专用印章,经同级劳动保障行政部门或行业部门劳动保障工作机构验印后由职业技能鉴定所(站)送交本人。

 **思考与讨论**

> 请大家对照国家职业资格目录,确定自己的专业对应的职业资格证书有哪些。

四 **树立正确的职业价值观**

(一)职业价值观的内涵

价值观是个人基于思维和感受做出的评价、判断、理解或选择,主要以潜在的方式对个人的思想和行为进行主导和影响。价值观具体表现为对事物的看法、对是非的判别和对利益和道德的取舍等。价值观在职业选择上的体现叫作职业价值观,对对职业的认识、职业目标、乐趣、收入和工作环境等职业因素的判断和取舍,便是职业价值观的具体体现。

(二) 职业价值观的重要性

1. 职业价值观关系着职业选择

职业价值观具有主观性,代表了个人对什么是好坏、什么是对错的看法。职业价值观通常是与职业选择相关联的,换而言之,职业价值观体现了你最期待在工作中获得什么。工作最重要的动力是工作中的乐趣,是工作获得结果时的乐趣,以及对这一结果的社会价值的认识。

2. 职业价值观推动着职业发展

有崇高的追求就会有巨大的精神动力。价值观能让我们在面临困境时仍保持斗志。当工作与个人价值观相冲突,工作就会变成痛苦的来源;当工作与个人价值观相一致,即使其他的条件并不如意,我们往往也能乐在其中。清楚自己职业价值观的人清楚自己在工作中真正想要的是什么,能够将自己最强烈的需求与工作联系在一起,较容易做出明智的选择,最终找到适合自己的职业。

刘伯鸣:"铁打的"打铁人

1990年,年轻的刘伯鸣(图1-6)走进了中国一重集团有限公司的厂房。如今,已是中国一重集团有限公司中国第一重型机械股份公司铸锻钢事业部水压机锻造厂副厂长的刘伯鸣依然奋战在厂房里的国产1.5万吨水压机前。这30余年里,他只做了一件事:专心打造大国重器。

走进中国一重水压机锻造厂的厂房,刘伯鸣正在指挥操作手通过水压机把烫得发红的巨大钢锭塑成轴、辊、筒等各类锻件,这些锻件将被应用到核电、石油、化工等重大国计民生领域。水压机每一次锻压的时间、强度、角度都分毫不差。就在这间厂房里,刘伯鸣带领团队突破了外国的技术封锁,为中国核电锻件制造擦亮了招牌。

核电锻件是核电机组建设的关键部件。彼时,核电锻件制造是世界范围内绝对的高精尖科技,也是我国急缺的关键技术。"造出来,我们不仅能突破封锁,更能降低成本,赢得广阔的市场!"刘伯鸣和工友们立志,要为撑起中国制造业的脊梁贡献自己的力

图1-6　刘伯鸣在查看创新产品模型

量。作为支撑国家重要核电项目的关键部分,核电锻件吨位大、质量要求高,制造工序相当复杂,从冶炼、锻造、热处理到机加工、无损检测、性能检验,任何一个环节出了问题,都将前功尽弃。刘伯鸣带着十几个人吃住在单位,进行夜以继日的技术攻关。在水压机锻造厂车间里,加热炉内的最高温度可达1250摄氏度。在高温炙烤下,他们常常大汗淋漓。用面团反复模拟锻件形状,反复计算板坯厚度和直径……刘伯鸣在火花和热浪的陪伴下修炼着"铁上绣花"的功夫。终于,当重锤最后一次落下,硕大的锤头精确地控制着锻件的每一丝形变,核电锻件一次锻造成功!刘伯鸣和工友们首创了同步变形技术,填补了国内行业的空白。

　　在刘伯鸣的带领下,厂房之内凯歌频传:世界上最大的715吨百万千瓦整锻低压转子、"华龙一号"主泵泵壳锻件、三代核电蒸汽发生器水室封头……伴随着一项项成果的产生,刘伯鸣也带领团队探索出了不同步走步法、关键点控制法等核电锻件制造方法,保证锻件制造一次合格,研究成果为中国一重降本增效2亿元以上。中国一重制造的锻件远销国内外,锻件制造水平迈向世界前列。"只要用心去观察,用心去琢磨,就没有什么咱攻克不了的难题!"重锤起落、铁臂穿梭的厂房见证着刘伯鸣的创新与坚守,也见证着中国装备制造业发展壮大的火热年华。

　　　　　　　　　　　　　　　(资料来源:魏弘毅,刘伯鸣:打铁人,更是"铁打的"人,新华网)

分析:

　　在重锤起落、高温炙烤的厂房中,刘伯鸣在火花和热浪的陪伴下埋头专注于技术的突破与提升,但他不以为苦,反以为乐。正是他怀有的实现我国装备制造业发展壮大的理想督促他不断奋进,让他在旁人认为艰苦的工作中获得了极大的乐趣和满足感。

(三) 树立科学的职业价值观

树立科学的职业价值观,我们可以从以下几个方面着手。

1. 接受就业指导服务

主动了解学校的就业指导服务体系,参加学校组织的就业指导活动,通过参加培训、就业指导课,深入了解就业形势和就业政策,从而转变就业观念,确立合理的就业期望。

2. 合理确立目标,把个人需要和社会需要结合起来

我们应该把个人需要和社会需要结合起来,遵循以下三个原则:一是有利于发挥自身的素质优势;二是符合社会的需要;三是注意自身发展与职业本身发展相结合。

3. 培养创业思维,在实践中贡献青年力量

我们应该积极参与到创业培训及实践活动中,培养自己的创业意识,在社会主义现代化建设中贡献更多青年力量。

价值观与职业的筛选

请将你认为最重要的几种价值观列出来，直到不能再放弃为止。找出与你最重视的价值观对应的职业，填入表1-16。

表1-16   你最重视的价值观和对应的职业

序号	你最重视的价值观	对应的职业
1		
2		
3		
4		
5		

项目二

就业指导
——适合你的才是最好的

任务一	做好求职准备
任务二	掌握面试方法
任务三	把握就业程序

引导语

　　在校大学生即将走入人生中一个重要的阶段——毕业并步入社会。这个阶段充满了期待和机遇，也存在着许多不确定性和挑战。面对新形势下的就业市场和诸多就业选择，如何了解就业信息？如何准备求职材料？应该做哪些面试准备？如何完成就业程序，顺利走上心仪的工作岗位？这些都是本项目要与同学们探讨的问题。

　　通过本项目的学习，我们可以了解就业形势，熟悉我国的就业政策，对当前的就业形势和就业市场有更清晰的认识；了解求职过程中自己面对的挑战和机会，掌握撰写简历和求职信、应对面试等方面的技巧，在求职过程中展现出色的水平，从而提高求职成功率，最终实现顺利就业。

学习指南

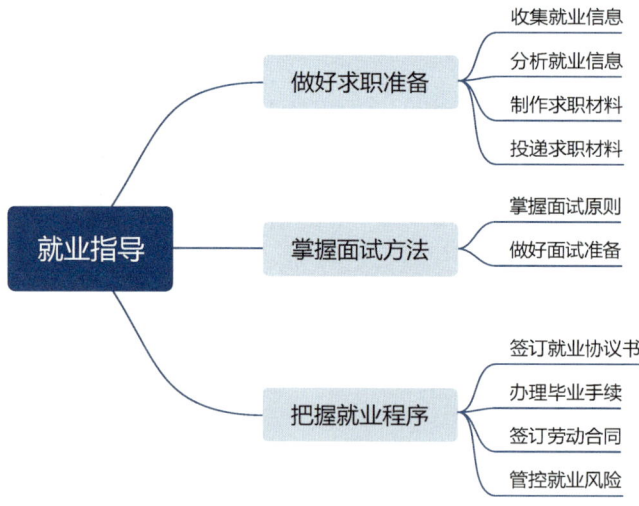

一　收集就业信息

（一）就业信息的内涵、种类和特性

就业信息是指通过各种媒介和手段发布的有关就业的信息和情况，基本分为如下种类。

1. 政策信息

我们在求职之前，先要了解国家和地区对毕业生就业的相关规定，一般包括国家的政治经济情况，国家或地区社会经济的方针政策，毕业生就业政策，劳动人事制度改革信息，社会各部门、企业的需求情况，未来产业、职业发展趋势，以及当年毕业生的总体供求形势等。

2. 行业形势信息

各行业的需求不平衡，存在热门行业和冷门行业。我们需要提前了解行业形势，结合自己的专业特色，找到正确的择业方向。

3. 用人单位和岗位信息

用人单位信息大概包括以下几个方面：

（1）用人单位的准确全称、性质及隶属关系；

（2）用人单位的经营业务范围、产品或服务内容与类别；

（3）用人单位的组织结构、规模（员工数量）与行政结构；

（4）用人单位的发展历史与最新动态；

（5）用人单位的文化背景、工作环境、单位领导的有关信息；

（6）用人单位的发展目标、实力、远景规划、在整个行业中的排名或在整个社会经济结构中的地位；

（7）用人单位的地点、总部及分支机构的业务范围与地理分布；

（8）用人单位的财务状况及绩效考核体系，以及为员工发展提供的空间；

（9）用人单位的工作岗位及对所需人才的具体要求；

（10）用人单位的联系方式，如人事主管部门联系人的电话。

岗位信息包含岗位工作内容、工作环境、薪资、对员工的要求等。

就业信息的特性有以下几个。

一是变动性。就业信息总处于流动和传递状态。它会随着时间、地点等因素的变化

不断变化。

二是时效性。就业信息具有一定的期限。它在规定的时间内存在价值,超出规定时间后,就会变成无效信息。

三是共享性。就业信息一经公开发布即为共享信息,不是某一个具体人单独持有的,不具备私密性。

忽视就业信息的苦恼

　　小米成绩优秀,综合素质也不错,一直认为自己就业绝无问题。进入最后一学年,开学之后,她发现周围很多同学都在讨论找工作的事情,彼此传递着就业信息。小米觉得时间还早,不必过早为此烦恼,毕业季再关注就业问题也来得及。到了假期,小米想叫上同学一起去旅游,没想到同学们纷纷婉拒,说自己要去招聘会上看看,趁早了解就业形势,小米只好独自出行。寒假结束后返回校园,和同学们一交流,小米才发现许多同学对就业情况说得头头是道,甚至有些同学已经联系好了用人单位,等到实习期结束,就可以办理正式入职手续了。小米这时才开始着急,她对就业相关事宜完全没有头绪,现在进度已经落后,不知如何才能尽快找到工作。

　　分析:

　　毕业求职是人生中的一次重要选择。我们迟早都要走入职场,要想在求职就业的竞争中占得先机,我们必须尽早开始收集就业信息,对就业相关内容形成系统的把握,以便根据自己的实际情况做好择业前的准备。

(二)收集就业信息的渠道

微课 2-1:
获取就业信息
的渠道

1. 学校就业指导中心

学校就业指导中心是学校对毕业生进行就业政策咨询和就业工作指导的职能部门。学校就业指导中心获得的信息针对性、时效性较强。此外,学校就业指导中心还会根据上级有关部门的指示发布各种新的就业政策和规定,通过本校的就业指导中心,我们可以了解本年度当地就业形势的动态变化及各种就业信息。

2. 专项招聘会和供需见面会

学校举办的专项招聘会由学校就业指导中心组织,有针对性地邀请一些用人单位参加,规模适中,效率较高。当地的劳动主管部门每年也会组织几次大型供需见面会,这些供需见面会组织正规、规模大、参加的用人单位多、信息量丰富,但参加的毕业生也多,针对性相对较差,专业对口性不能得到保障,其信息需要我们认真甄别。

3. 人才中介机构

各级各类人才中介机构是我们收集就业信息的一个重要渠道,其包括人才服务中心、职业介绍所、劳务市场等。

人才中介机构的服务项目主要有：为用人单位提供劳动力资源信息、推荐劳动者，为单位用工提供咨询；对求职人员进行求职登记，对用人单位进行用工调查和登记，建立劳动力供求信息档案；定期或不定期举办各类招聘会；等等。

4. 媒体

网络、电视、报纸等各种媒体都会提供人才招聘信息，我们可以借此便捷地掌握人才需求的动态，了解用人单位的性质、所需人才的情况和待遇等。这种渠道的最大特点是受众面宽、信息传播速度快、信息形式多样、信息传递量大。在收集就业信息时，对媒体上的信息，我们应该反复求证。

5. 社会实践与实习

社会实践活动有利于我们开阔视野、接触社会、体验职业，真正了解各用人单位的情况、对人才的需求状况和具体要求，而且信息准确可靠。如果能在实习期间通过自己的努力赢得用人单位的好感和信任，甚至可以直接获得岗位。

6. 利用社会关系

在校大学生的社会关系一般可以分为两类：一是自己的亲属和父母拥有的社会关系，包含所有血缘上的亲属和父母的同事、同学、朋友等；二是自己的老师和同学。

7. 主动出击

我们可以直接联系自己感兴趣的企业，毛遂自荐，也可以直接通过企业开放的参观通道进行参观，与讲解人员进行深入沟通。

（三）收集就业信息的原则

1. 目的明确

要明确自己的就业方向，有针对性地收集信息，不要采取"广撒网"的策略，否则可能会因为选择过多而没有头绪。

2. 适合自己

收集信息前，要先分析其与自身条件是否匹配，准确了解用人单位对求职者的专业等相关要求后有针对性地收集。

3. 系统连贯

收集到具体的信息后，要持续关注用人单位的情况，根据用人单位政策的更新不断调整信息储备。也可以根据自己的具体情况建立属于自己的信息库，根据已有信息挖掘出新的信息。

 思考与讨论

结合自身情况，想一想适合你的就业信息收集渠道有哪些，如何有效利用这些渠道。

二 分析就业信息

微课 2-2：
就业信息的分析与利用

收集到就业信息之后,要进行科学处理、去伪存真。就业信息的筛选过程实际上是一个求职决策过程。我们在广泛收集就业信息的基础上,要结合自己的实际情况,依据国家、地区的政策和法规,对获取的信息进行有目的和有针对性的归纳、整理、分析和筛选。

（一）就业信息的筛选原则

我们在收集到就业信息之后,需要对这些信息进行筛选,只保留对自己有用的信息。筛选就业信息的原则如下。

（1）把握重点信息。

对收集到的就业信息进行比较,在初步筛选之后,对就业信息进行排序,标明重点信息,给予格外关注。

（2）符合个人情况。

每位同学的情况都不一样,我们应注意选择适合自己的信息。和个人情况不符合的信息,再好也没有利用价值。

（3）注重时效性。

就业信息有很强的时效性,我们要及时确认获取的信息是否已经过期、有效期还有多长,以便及时利用。

（4）善于分享。

在我们获取的就业信息中,有的对我们并无直接用处,但可能对他人有用。遇到这种情况,应主动将这些信息提供给他人,避免信息资源的浪费,被帮助的人也有可能给我们反馈信息。

（5）请教他人。

由于缺乏社会经验,我们在对就业信息进行筛选时难免片面。因此,在处理信息时,可以建立一个就业信息咨询"智囊团",可以包括父母、老师、学长等。他们对我们的情况比较了解,可以帮助我们进行就业信息的筛选。

（二）对就业信息进行真伪辨识

因为获取就业信息的渠道多样,我们需要对信息的真伪进行辨识。一般说来,真实可靠的就业信息大多是经劳动、人事主管部门核准,通过高校就业指导中心向毕业生发布,由人才市场电子信息屏及招聘信息橱窗公开发布,或在正规报刊、广播、电视、权威网站上发布的。对于收集到的就业信息,我们一定要通过各种办法验证它的真实性,以免上当受骗。

1. 分辨虚假就业信息

对于以下就业信息,我们一定要注意防范:

（1）在公交车站、广场等公共场所粘贴的招聘广告上的就业信息;

（2）门槛低、薪酬高,但是要求求职者完成规定任务才能获得报酬的就业信息;

（3）要求求职者交纳高额保证金的就业信息；

（4）不透露用人单位的具体注册名称，用人单位的基本资料不完整，找不到用人单位的具体地址等的就业信息。

2. 辨认就业陷阱

对于以下就业陷阱，我们一定要擦亮眼睛，切忌轻信：

（1）以招聘为名骗取钱财，收取报名费、抵押金、服装费等，钱骗到手就人去楼空；

（2）以招聘为名盗取信息，通过收取身份证原件或复印件获取求职者的身份证号码，或骗取求职者的银行账号、照片等个人隐私信息；

（3）以高职、高薪等诱骗求职者免费付出劳动；

（4）以试用期为名欺骗求职者，用很低的薪资让求职者付出劳动，在试用期即将结束时将求职者辞退；

（5）利用劳动合同的签约漏洞欺骗求职者；

（6）以培训为名骗取培训费，但培训结束后仍然不予安排工作，或者安排的工作根本不适合求职者。

为防范招聘陷阱，我们要遵守以下原则：

（1）通过信誉度高的渠道获取就业信息和应聘；

（2）拒交各种招聘费用；

（3）不随意公开重要信息，尤其是涉及隐私的信息；

（4）接到需要到外地进行的面试邀请，要详细了解用人单位的情况之后再回复，可以通过工商部门、学校就业指导中心核实其真实性；

（5）不将重要证件轻易上交，尤其是身份证、毕业证等原件；

（6）签订就业协议书或劳动合同时，一定要注明双方谈妥的福利、保险、食宿条件等。

三　制作求职材料

求职材料是求职者在招聘活动中用于推销自己的书面材料。用人单位在未见其人的情况下，可以根据求职材料来了解求职者的情况、信息，并对求职者的文字表达能力和逻辑思维能力有一定的了解。好的求职材料可以帮助求职者获得用人单位的初步认可，加深用人单位对自己的印象。我们应该了解求职材料的组成、内容，做好准备工作，为实现顺利就业打下基础。

（一）求职材料的内容

1. 毕业生就业推荐表

毕业生就业推荐表包含毕业生的基本信息，包括毕业生的基本情况、学校对毕业生的评价及意见，是学校向用人单位推荐毕业生的重要证明材料。

2. 求职信

求职信是求职者说明选择用人单位的原因，并介绍自己所具备的优势，积极推荐自己，以加深用人单位对自己印象的文书。

（1）求职信的内容。

① 追求的目标。讲明求职者要到什么单位从事什么具体岗位工作。这需要我们对用人单位公布的岗位及其具体工作内容有比较深入的了解。

② 求职的理由。可从自己的政治修养、价值取向、专业、特长、未来发展等角度说明，尤其要注意把自己的实践经历（认知实习、跟岗实习、顶岗实习等经历）阐述到位。理由是否真实、充分是能否被录用的关键。

拓展链接 2-1 ▶ **求职信范例**

尊敬的领导：

　　您好！

　　我是××大学××××专业的毕业生×××，我对贵公司此次招聘的××××岗位很感兴趣。入校以来，我认真学习领会习近平新时代中国特色社会主义思想，增强"四个意识"，坚定"四个自信"，坚持德技并修，努力成为德智体美劳全面发展的社会主义事业的合格建设者和接班人……

　　我个人具备的能力和优势是……

　　我的政治素养、职业素养、能力优势能够适应贵公司的××××岗位，并能在贵公司的平台上有所作为，为贵公司发展做出贡献。

　　请贵公司给我一次面试的机会。

　　此致

敬礼

×××

××××年×月×日

---

③ 对面试机会的渴望。在求职信的末尾，要诚恳表达对用人单位给予面试机会的期望，展现强烈的到该用人单位任职的愿望。

（2）求职信的写作技巧。

① 简单明了，重点突出。求职信的写作要简单明了，用简练的语言把求职想法及个人优点表现出来，切忌长篇大论。

② 谦虚谨慎，自我推销。写求职信就是推销自己，要强调自己的成就，但一定要适度，用词不要过于浮夸。

③ 动之以情，晓之以理。求职者在撰写求职信的时候，可以从对方的角度出发，适时引起共鸣，这样更有助于交流信息。

④ 语言顺畅，文笔优美。流畅的语言、干净整洁的整体布局能很好地展现求职者的精神面貌、工作态度和性格特征，让对方在阅读时感到赏心悦目、一目了然。

3. 个人简历

个人简历是个人情况的汇总，好比产品的说明书，能够把求职者的基本情况和能力优势呈现出来。

（1）个人简历的内容。

① 个人情况。

个人简历要能让用人单位了解求职者的基本信息、求职意向、教育背景、职业技能、实践经历、获奖情况和自我评价等个人情况。

——基本信息，主要包括求职者的姓名、出生年月、性别、籍贯、民族、学历、毕业学校、政治面貌、联系方式等。要附上个人照片，以1寸彩色证件照为宜，建议着正装，由专业摄影师拍摄。

——求职意向，要简单明确，表明自己对哪个具体岗位感兴趣，切忌模糊不清、模棱两可。

——教育背景，从高中时期开始即可，需要明确学习的起止时间、学校、专业等。

——职业技能，主要包括英语、计算机方面的技能水平。如果应聘的是技术性岗位，还要针对岗位要求写明自己的相关职业技能。

微课 2-3：
如何描述实践经历

——实践经历，着重体现自己的实践经历和与求职意向的相关性，注意以量化的方式表述，体现自己的实践经验与成果。

——获奖情况，可按时间顺序进行排列，让人一目了然。

——自我评价，注意表述要恰当、客观、不卑不亢，不宜过度谦虚，更不要夸夸其谈。可以从性格、素质等多方面进行自我评价，如能量化更好。

② 佐证材料。

——在校期间的学习成绩单。成绩单应包含在学校期间所有课程的成绩，通常需要所在学校教务部门打印后加盖学校的公章。

——荣誉证书及职业技能等级证书复印件。证书原件要妥善保管，在制作个人简历时附上复印件即可。

——其他材料，一般包括公开在期刊、报纸上发表的文章，科研成果，设计作品等。应根据应聘单位的不同类型分别准备。

拓展链接 2-2　▶　个人简历范例

表2-1所示的是一份比较清晰的个人简历范例。

表2-1　个人简历范例

求职意向	预算员、资料员		
基 本 信 息			
姓名：×××	性别：女	民族：汉族	出生年月：××××年×月

续　表

籍贯： ××省××市	**专业：** 工程造价
政治面貌： 中共党员	**学历：** 本科
电子邮箱： ××××@163.com	**联系电话：** ××××××××××

教　育　背　景

大学： ××××年×月—××××年×月，××大学

职　业　技　能

通过大学英语四级考试，具有基本的听说读写能力；

能熟练使用 Office 办公软件，具备全国计算机等级一级证书，具有较强的计算机基本应用能力；

具备 CAD 高级证书，能独立应用 CAD 制作施工图纸、施工方案，熟练掌握 AutoCAD 软件的使用；

熟悉相关施工仪器的使用；

掌握 DS3、清华斯维尔、盛大清单计价软件、晨曦清单计价软件的基本应用

实　践　经　历

2021—2022学年　系青年志愿者协会项目部干事

2021—2022学年　校工程实训基地建筑制图员

（1）负责协调与统筹本小组各成员的工作内容、工作进度及与其他小组之间的沟通；

（2）进行土木建筑制图。

2022—2023学年　校工程实训基地预算员

与团队合作开展预算工程项目，负责软件预算。

2022—2023学年　校工程实训基地测量员

（1）了解了经纬仪、全站仪等仪器的工作原理，并熟练掌握仪器的使用方法；

（2）能熟练使用相关电脑软件绘制地形图；

（3）参与施工的测量放线。

在实习期间积极完成了领导、老师布置的各项任务，熟悉专业实训项目的各种要求，增强了动手能力和团队沟通协作能力

获　奖　情　况

2022年8月　　获校 CAD 技能大赛二等奖

2022年11月　获国家励志奖学金三等奖

2023年5月　　获校"优秀共青团员"称号

2023年10月　获校"社会实践先进个人"称号

自　我　评　价

本人性格热情开朗、诚实谦虚，在校期间做过很多兼职，如家教、电话访问员、酒楼服务员，还到工厂打过暑期工，亲身体会了各种工作不同的运作程序和处事方法，在工作中尽心尽力，锻炼了吃苦耐劳的精神，并从工作中体会到了乐趣

（2）个人简历的形式。

个人简历可以是文档形式、表格形式，甚至PPT形式、短视频形式等。可以根据自身情况和应聘单位的类型进行选择。但无论如何，形式都是第二位的，切忌喧宾夺主，一味追求形式的花哨，忽略了内容的撰写和与自己情况的适配性。

个人简历可以分为纸质个人简历和电子个人简历。需要使用纸质个人简历时，可以针对不同用人单位的要求适当调整后打印。电子个人简历则可以上传到网页或存储在U盘中，以便随时查阅。

（二）制作求职材料的注意事项

1. 注意篇幅

求职材料的用处就是让用人单位的招聘人员在有限的时间内充分了解求职者，因此要写得简洁精练，切忌拖泥带水。可以加入一些关键词，比如"团队合作能力""策划能力"等。在表述自己获得的成绩的时候，直接用结果说明，不要过分侧重过程。

2. 保证真实

求职材料主要概括介绍个人的基本情况，并对自己的技能、成绩、经验等做简单的总结。切忌夸大事实，捏造不符合实际情况的信息。对所附上的佐证材料也要仔细确认。

3. 排版合理

求职材料的字体尽量保持一致，标题和正文的字号要有区别，不要出现错别字。建议同学们在排版之后打印，以免出现格式混乱的情况。

4. 规范用语

在制作求职材料时，要准确使用词语，有针对性地表述，突出自己的优势，扬长避短。不要乱用简称，以免产生误解。

四、投递求职材料

（一）求职材料的投递方式

1. 线上投递

（1）电子邮箱投递。

求职者筛选出感兴趣的招聘信息之后，按照企业的安排，通过电子邮件发送个人的求职材料，这是目前最常用的投递方式。在以电子邮箱投递求职材料时，我们要注意：以附件形式发送求职材料，注意控制附件的大小；不要漏填邮件的主题；要对自己的姓名、专业、求职岗位做简单的介绍，正文部分不应是一片空白；注意邮箱昵称是否合适、庄重，以真实姓名注册是最好的。

（2）网站发布。

求职者可以在专业的招聘网站上注册，把自己的就业意向公布出去，很多单位在进行招聘的时候会据此筛选合适的求职者，这是一种双向互选的渠道。

2. 线下求职

（1）当面投递。

对于求职者来说，携带制作精美的求职材料，在招聘会现场将自己的材料直接交到招聘人员手中，并且自信满满地介绍自己，一定会给招聘人员留下深刻印象，会增加求职者被聘用的概率。因此，要把握好在现场与用人单位招聘人员接触的机会，大胆地推销自己。

（2）邮寄。

求职者可以将求职材料装订成册，采用邮寄方式将材料送达。切记收件人的地址、姓名和联系电话要准确、清楚。

准确投递求职材料的重要性

临近毕业季，曹飞经常参加招聘会，终于发现了一家自己十分满意的大企业在招聘，和自己专业对口，薪资福利也非常优厚。曹飞立即上前咨询报名事宜，招聘人员告诉他，需要提交一份求职材料才算报名成功，曹飞和对方商量好，明天就将求职材料送来。

第二天，曹飞临时有事，只好委托同学将材料送到那家企业的招聘展位。同学回来后，也告诉他材料安全送到，没有任何问题。可两周时间过去了，并没有人联系曹飞。他主动打电话到该企业询问，才发现自己的求职材料被送到了别的展位，该企业并没有收到。曹飞就这样错失了心仪的就业机会。

分析：

在精心准备求职材料之后，把它安全、准确送到用人单位工作人员的手中才是关键步骤。如果材料投递失败，不但会错失就业机会，还可能延误求职时机。

（二）求职材料投递的注意事项

1. 注意投递时间

最好的投递时间是早上，因为早上招聘人员有充足的时间处理求职材料，他们的精力也是最好的；其次是中午；下班前的时间最好就不要投递材料了。

2. 不可海投

一看到自己符合招聘要求的单位就马上投递材料，而不仔细了解相关信息，没有针对性，这种求职者一般不会受到用人单位的青睐。也不要同时在一家单位应聘多个岗位。如果求职者既应聘办公室助理，又应聘推销员，用人单位会觉得求职者对这几个岗位的工作都不精通，应聘成功的概率反而会降低。

3. 表示感谢

求职者在线下提交过求职材料之后，应该对用人单位的招聘人员表示感谢。在线上投递材料成功后,也可以通过电话或者邮件等形式,表达对用人单位提供招聘机会的感谢。

4. 主动联系

如果一段时间后,依然没有收到用人单位的答复,可以在指定的时间内主动联系,询问进度,切忌消极等待。

制作求职材料

同学们自由分组,每组选择一种求职材料,小组成员分别制作。制作完成后,大家互相传看、交流、分享制作经验。

一　掌握面试原则

（一）面试的类型

1. 按面试人数划分

按面试人数划分,面试可以分为单独面试和集体面试。

（1）单独面试。

微课 2-4：
面试类型

单独面试可以提供一个面对面的机会,让面试双方较深入地交流。单独面试有两种类型:一是只有一位面试官负责整个面试过程;二是有多位面试官参加面试,但每次均只与一位求职者交谈。很多单位倾向于选择多位面试官、一位求职者的形式,这有利于消除某一位面试官看问题的片面性,但是对求职者造成的压力较大。

（2）集体面试。

集体面试又称小组面试,指多位求职者同时面对面试官的面试。集体面试通常要求求职者进行小组讨论,相互协作解决某一问题,或者让求职者轮流担任领导主持会议、发表演讲等。有些用人单位还会进行小组对抗赛,但是如何分组、如何确定每个小组的任务由求职者决定。小组对抗赛中,求职者要组建一个小组,说服其他人愿意推选自己成为小组的领导者,面试官要从语言表达能力、独立思考、领导协调和人际关系的处理等多方面对求职者进行考察。

2. 按面试形式划分

按面试形式划分,面试可以分为现场面试和线上面试。

（1）现场面试。

现场面试要求求职者在规定的时间内到达指定的地点进行面试。现场面试中,求职者一定要记住各位面试官的姓名、职务,不要出现张冠李戴的现象;在回答问题时,要把目光投向提出问题的面试官,与之进行眼神的交流;在现场面试的过程中,还会出现多人同时发问的现象,这个时候求职者需要迅速反应、做出选择,先跟自己要拒绝的面试官道歉,并解释自己做出选择的原因,再有条不紊地应对已经选择的面试官的问题。

（2）线上面试。

线上面试一般指的是求职者由用人单位安排,通过视频或者语音电话完成面试的形式。在进行线上面试的时候，求职者要让对方感受到专业和自信，保持微笑，以声音传达良好的状态；表达要清晰，速度不要太快，若需思考，可以说"让我想一下"；准备一杯水，避免紧张导致的声音沙哑。

（二）面试的基本原则

在面试中需要掌握两个原则：实事求是、灵活应对。实事求是体现了真实性和可靠性，灵活应对则体现了临场发挥的能力。

1. 实事求是

实事求是指在面试中要以本人的实际情况为依据回答面试官的提问。

当面试官问到求职者有什么优点或缺点时，要简明扼要地叙述。关于优点，可以结合自身的专业特色回答。关于缺点，不要说自己没有缺点，也不要把明显的优点说成缺点，或者说一些影响工作的缺点，可以说一些无关紧要的缺点，或者表面上看起来是缺点，实际上是优点的地方。

在面试中涉及专业知识时，也要实事求是地回答。如果面试官问一些你确实没有了解过的专业知识，就坦率地承认"不知道"，并表示歉意，也可以回复面试官"请允许我查阅资料之后再做回答"。不要在不知道的情况下强加解释。

2. 灵活应对

灵活应对是指根据面试现场的情况随机应变，合理把控。

当进入面试考场之后，如面试官不发问，而是面带微笑地看着你，这时候，你需要大胆地先打破局面，主动发言。你可以先做自我介绍，并逐渐把重点转移到自己精通的专业知识上。要善于与面试官做眼神交流，释放自己的气场，言简意赅地介绍自己，适时地推销自己，表明自己是个谈吐清楚、头脑灵活、反应敏捷、能够随机应变的人。

（三）面试前的心理调适

我们在面试时容易出现的心理问题有紧张焦虑、缺乏自信、害怕恐惧、过分追求完美等。这些心理问题可能会引起生理上的不适，影响我们的正常发挥。

心理调适是采用心理科学的方法，对认知、情绪、意志、意向等心理活动进行调整，以保持或恢复正常状态的活动。在出现这些心理问题时，我们可以进行自我心理调适。心理调适的具体方法如下。

1. 客观地认识自我

我们首先要客观地认识自我。可以对自己的气质、性格、兴趣等职业特征进行测验，通过测验分析明确自己的个性特点、自己的优势和劣势、自己最适合干什么工作，从而减弱面试时回答问题的盲目性。

2. 进行心理测验

通过心理测验,可以了解自己的心理特点和问题,从而有针对性地调节情绪,克服心理弱点,发挥优势。例如,我们可以进行人格测验、职业心理测验等,根据测验的结果决定自己的职业选择,调整自己的情绪,使之达到良好的状态。

3. 自我慰藉

自我慰藉又称自我安慰。在遇到挫折和困难的时候,要学会说服自己,适当让步,或者用"退一步海阔天空""亡羊补牢,犹未晚矣"等话语来安慰自己,以摆脱烦恼。

4. 转移注意力

解除苦恼的最好办法便是把注意力从消极情绪转移到积极情绪上。找人聊天、参加体育活动等都可以帮助我们及时疏导负面情绪、排遣郁闷。

5. 放松训练

这是一种在心理上和身体上放松的方法。放松训练可以帮助人们迅速减轻或消除各种不良的身心反应,如焦虑、恐惧、紧张、失眠等。

二 做好面试准备

(一)面试前的准备

1. 了解目标单位的情况

(1)了解行业现状及发展前景。

(2)了解用人单位在行业中的位置、发展动态、业务领域。

(3)了解用人单位的性质、主要功能、组织结构和规模;人员结构,如年龄结构、专业结构及人际关系状况等;主要领导、面试官的情况;历史沿革及正在从事的工作重点。

(4)了解岗位需求,如工作性质、基本的责任和权利、任职的专业要求等。

2. 做好其他面试准备

(1)提前确认面试的时间、地点、交通方式,如果条件允许,可以提前实际往返一次,以确认具体情况,留出时间余量,避免面试当天迟到、迷路。

(2)提前十分钟到达。除了把控面试时间,提前十分钟到达的另一个重要原因就是可以借此熟悉用人单位的环境。在陌生环境中面对陌生人的时候,很容易被周围的声音、气味等各种因素干扰,进而影响自己的情绪。提早达到面试现场,可以降低我们对环境的敏感度,从而减少紧张感。

(3)准备好求职材料。提前准备若干份纸质求职材料,以备面试时分发。即使此前已经通过线上方式提交过求职材料,也有必要随身携带若干份纸质材料,以备不时之需。视频成果等可以提前存储在U盘中。

(二)面试礼仪

1. 面试的着装礼仪

男性求职者在面试的时候一般穿西服套装。西装颜色可以是藏青色或者黑色这些稳重的颜色,搭配白色或者浅色衬衫。在正式场合着西服套装时要穿皮鞋,搭配深色袜子,不穿白袜子、运动袜子。要提前修整头发,清理胡须。

女性求职者在面试的时候一般穿职业套装或者套裙,但是要注意裙子的长度,不要过短或过长。搭配高跟鞋,但鞋跟不要过高。要修剪或绾起头发。可以化淡妆,突出自己的形象,但不要佩戴过多首饰。

无论是男性还是女性求职者,都一定要避免衣服颜色过分杂乱。不要在西装口袋里放太多的杂物,例如钥匙、零钱、手机等,影响整体的美观。

2. 面试的行为礼仪

(1) 站姿。

男性自然站立,双手自然下垂,贴紧西裤裤缝;女性丁字步站立,双手自然交叠放在下腹部。

(2) 坐姿。

走到座椅前,轻轻坐下,只坐椅子面的三分之二,头正,表情自然。坐下后,双手放在膝盖上。女性双腿并拢(图2-1)。

(3) 表情。

恰当的面部表情有很强的感染力。在面试的过程中,求职者应保持微笑,展现出乐观向上、积极进取的形象。眼神的交流尤为重要。求职者可以通过与面试官眼神的交流,一方面表达自信,另一方面随时观察面试官的反应,及时调整自己的表现。面试顺利也不可喜形于色、手舞足蹈,要保持平和淡定;面试不顺利,也不要垂头丧气。

图2-1　坐姿示范图

拓展链接 2-3 ▶ **面试时应避免的小动作**

(1) 摆弄手指,咬指甲,表示紧张、焦虑、缺乏安全感。

(2) 手插口袋,左顾右盼,不敢直视对方,表示紧张、对自己的表现缺乏信心。

(3) 抿嘴唇,挠头,表示窘迫、紧张、不知所措。

(4) 回答问题时眼睛向上看,表示迟疑、犹豫。

(5) 摸眉骨,表示羞愧,可能让面试官怀疑求职者叙述的内容有何不妥。

(6) 嘴微张,眼睁大,表示错愕、惊讶,不够沉着稳重。

(7) 谈话中常做出切断性手势,表示自大、固执己见,不容许别人发言。

(8) 常扶眼镜,或把玩领带、项链等,表示自信不足、心神不宁。

（4）握手。

握手是当今世界上最为流行的礼节。握手常常伴随寒暄、致意，如你好、欢迎、多谢、保重、再见等。

握手一般遵循"位尊者先伸手"的原则，主人、长辈、上司、女士主动伸出手后，客人、晚辈、下属、男士再相迎握手。男士与女士握手时间要短一些，用力更轻一些。男士之间或女士之间握手时，只要遵从一般规范即可，握手时间及力度都比较随便。与长辈、贵宾握手，则要遵从特定礼仪规范。戴着帽子和手套握手、长久地握着异性的手不放、用左手同他人握手、交叉握手、握手时左顾右盼都是不礼貌的。

3. 面试的语言礼仪

对求职者来说，掌握语言表达的技巧无疑是重要的。那么，面试中要注意哪些语言礼仪呢？

（1）口齿清晰，语言流利，文雅大方。

交谈时要注意发音准确，吐字清晰；还要注意控制说话的速度，以免磕磕绊绊，影响语言的流畅性。为了增添语言的魅力，应注意修辞美妙，忌用口头禅，更不能用不文明的语言。

（2）语气平和，语调恰当，音量适中。

面试时要注意语言、语调、语气的正确运用。打招呼时宜用上扬的语调，加重语气并带拖音，以引起对方的注意。自我介绍时，最好用平缓的陈述语气，不宜使用感叹语气或祈使句。声音过大令人厌烦，声音过小则难以听清。音量的大小要根据面试现场情况而定，以让用人单位的每个人都能听清你的话为原则。

（3）语言要含蓄、机智、幽默。

说话时除了表达清晰，适当的时候还可以用幽默的语言，为谈话增加轻松愉快的气氛，也可以展示自己的从容风度。尤其是当遇到难以回答的问题时，机智幽默的语言可以显示你的智慧，有助于化险为夷，并给人良好的印象。

（4）注意听者的反应。

交谈中，应随时注意听者的反应。比如，听者心不在焉，可能表示他对这段话没有兴趣，你得设法转移话题；侧耳倾听，可能说明自己音量过小使对方难以听清；皱眉、摇头可能表示对方认为你的言语有不当之处。根据对方的这些反应，适时地调整自己的语言、语调、语气、音量、修辞，以及陈述内容，这样才能取得良好的面试效果。

（三）面试中的常见问题

可以回顾投递的简历和求职信，对可能被问及的问题略做准备。准备几个和应聘单位相关的问题，在面试最后的求职者提问阶段发问。

1. 求职者的个人信息

关于求职者的个人信息，应注意以下几点：要与个人简历上的一致，如果前后矛盾，就会使面试官怀疑你的诚信，从而埋下失败的种子；尽量避免谈及与面试岗位无关的东西，即使是你的特长和优点；要谦虚地表现自己的实力，而不要表现得野心勃勃、唯我独尊，这样会令面试官厌烦。

2. 求职动机

有经验的面试官不会放过考察、验证求职者求职动机的任何机会。对于名利绝不能表现出崇拜、贪婪的心态，但也不能显得过于清高，把物质利益贬得不值一提，这样也容易被判定为虚伪或不通人情。建议从行业、单位和岗位这三个角度来回答。

3. 实习经验

用人单位一般会坚持这样的原则：在素质、能力相当的情况下，有相关经验者优先。面试官想知道的是你过去的经验和你应聘的岗位之间的匹配度，所以，你必须把有利于你做好岗位工作的经验说清楚，特别要突出和强调其对于做好应聘岗位工作的关系，而不要谈论无关紧要的东西。

4. 未来计划和目标

用人单位总是很关心新进人员的心态和打算，特别想知道他们能否全身心地投入工作。这类问题不是很好回答，需要认真考虑，全面分析，最好结合你所了解的实际情况来谈自己的打算，尽可能提出具有可行性的计划和方案，这样可以在面试中给面试官留下用心思考的好印象。

5. 兴趣爱好

介绍兴趣爱好时，不要仅限于读书、听音乐、上网，否则会令面试官怀疑求职者的性格孤僻，可以在自己的专业特色上找一些兴趣爱好。

（四）面试后的注意事项

在面试结束后，求职者可以先通过网络邮件的形式向用人单位为自己提供面试机会表达感谢，并诚恳询问自己的面试表现如何，之后耐心等待用人单位的回复。如果没有回复，稍等几天后可以给用人单位打一个电话，询问录用消息和自己表现的不足之处。打电话时一定要表现得非常诚恳，要让用人单位感觉到你是一个真诚、理性的人。主动询问的方法如下。

首先，打电话的时机最好选在最后期限前后一两天，太早打的话，用人单位会觉得你过于急躁，何况对于有些用人单位来说，决定录用员工的流程也是需要一定时间来处理的，过早打过去也得不到准确的回复。太晚打的话，所应聘的岗位可能早已确定好人选。

其次，打电话询问时的措辞和内容也应注意。多问些开放性问题，而不是直截了当地问，如可以问"贵公司对我是否满意"而不是"贵公司什么时候给我录用通知"。记得一定要诚恳表达你对用人单位给予的面试机会的感谢，以及你非常愿意加入的心情。

最后，打电话问一两次即可，若频繁打电话询问，会招致对方反感。

拓展链接 2-4 ▶ **感谢信范例**

尊敬的×××经理/先生/女士:

您好!

我叫×××,是×月×日贵公司××××岗位面试者中的第×位,我来自××大学××××专业。

感谢贵公司给了我面试的机会,感谢您给了我一段与您交谈的愉快经历。这次面试开阔了我的视野,增长了我的见识,也相信您对我各方面综合能力的肯定,一定能够增强我的竞争优势,让我在求职的路上更加坚定信心。这次面试让我更加深刻地理解了贵公司的企业文化和管理方式。我十分欣赏贵公司的企业文化和管理方式,我也相信自己的专业知识、专业技能、实习经历和综合素养使自己能够胜任××××岗位。我真诚期望有机会成为贵公司的一员,为贵公司的发展贡献一份力量。当然,我也深知,如我者甚众,胜我者恒多。无论这次我能否被贵公司录用,我都坚信,选择贵公司是明智之举。无论今后我在哪里工作,我都将尽心尽力做一名具有强烈责任感、与公司荣辱与共的员工,一名积极进取、脚踏实地而又具有创新意识的新型人才。

此致

敬礼

×××

××××年×月×日

活动与训练

现 场 招 聘 会

在班级里召开现场招聘会,练习一下如何找到自己心仪的用人单位,并提交求职材料。

请若干名同学组成面试官小组,其中面试官四人,招聘助理一人,各部门主管若干人。其他同学组成求职者小组。面试官小组发布招聘信息,并拟定面试岗位。求职者根据自身情况准备面试所需要的材料。面试结束后,面试官小组进行打分,公布面试成功者名单,在招聘会结束后进行总结。

任务三　把握就业程序

一、签订就业协议书

就业协议书(表2-2)是全国普通高等学校毕业生就业协议书的简称，是为了明确毕业生、用人单位、学校三方在毕业生就业工作中的权利和义务，经协商签订的协议，一式三份，也叫作三方协议。它是普通高等学校毕业生和用人单位在正式确立劳动人事关系前，经双向选择，在规定期限内确立就业关系、明确三方权利和义务而达成的书面协议，是用人单位确认毕业生相关信息真实可靠和接收毕业生的重要凭据，也是高校进行毕业生就业管理、制订就业方案的重要依据。

微课 2-5：
就业协议书

(一)就业协议书的内容

就业协议书包括以下几个方面的内容。

1. 毕业生基本情况及意见

这部分内容由毕业生本人填写。毕业生基本情况包括姓名、性别、民族、出生日期、政治面貌、健康状况、毕业学校、院(系)、专业等。在"毕业生意见"一栏，毕业生填写自己的应聘意见，同时也应写明与用人单位在洽谈中达成的有关约定，以免日后产生争议。

2. 用人单位基本情况及意见

这部分内容由用人单位填写。用人单位基本情况包括单位名称、组织机构代码、单位隶属、经济类型、单位地址、邮政编码、联系人、联系电话等。"用人单位意见"一栏中包括两方面内容：用人单位人事部门签章和用人单位上级主管部门签章。这就是说，用人单位同意录用毕业生以后，还必须有用人单位上级主管部门同意录用的意见。

3. 学校基本情况及意见

学校意见主要包括院(系)和学校两级意见。院(系)意见是基层意见，院(系)在签署意见时要对毕业生的基本情况、用人单位的基本情况及协议内容进行审核，同时对毕业生具体的就业去向登记备案。学校意见是学校毕业生就业工作职能部门代表学校对就业协议书进行审核，在符合就业方针政策和学校就业规定的就业协议书上签字、盖章，表示学校对毕业生与用人单位双方所签就业协议书的认可。毕业生、用人单位、学校三方如有其他约定，应在备注栏注明并签字、盖章，并视为本协议书的一部分。学校在对就业协议书进行审核时，不以口头约定为准。

表2-2 就业协议书

毕业生基本情况	姓名		性别		民族		出生日期	
	政治面貌		健康状况		身份证号			
	毕业学校		院（系）		专业			
	学号		培养方式		学历		学制	
	生源地区	/省（自治区、直辖市） /市（地区） /县（区）			毕业时间			
	家庭地址				家庭电话			
	电子邮箱				手机号码			
用人单位基本情况	单位名称				组织机构代码			
	单位隶属				经济类型		（国有、集体、民营、港澳台、外资）	
	单位地址				邮政编码			
	联系人		联系电话		单位传真			
	电子邮箱							
	单位性质	（机关、科研设计、高等教育、中初教育、医疗卫生、艰苦事业、其他事业、国有企业、民营企业、三资企业、艰苦行业企业、其他企业、部队）						
	档案转寄单位名称							
	档案转寄地址							
	户口迁移地址							
学校基本情况	学校名称		联系人		联系电话			
	学校地址				邮政编码			

经毕业生（甲方）、用人单位（乙方）、学校（丙方）协商，同意达成以下约定：
（1）甲方如实向乙方介绍情况，并愿意到乙方工作；
（2）乙方如实向甲方介绍情况，同意接受甲方到乙方工作，负责按有关规定办理接受手续；
（3）丙方经审核，同意甲方到乙方工作，并负责将其列入建议就业方案和办理就业手续；
（4）甲、乙、丙三方须共同遵守的协议内容见背面；
（5）甲、乙双方如有其他约定，可本着平等协商、权利义务对等的原则另附约定，并视为本协议书的一部分；
（6）其他约定（如工作地点、工作岗位）可另附页说明

毕业生意见	用人单位意见		学校意见
	用人单位人事部门签章	用人单位上级主管部门签章	
签名：_____ 年 月 日	负责人：_____ 年 月 日	（有人事权的单位此栏可略，无人事权的单位请盖上级主管部门公章或人事代理机构公章）负责人：_____ 年 月 日	负责人：_____ （公章） 年 月 日

（1）本协议书限国家统一招生录取的普通高等学校毕业生使用；
（2）甲、乙双方签署意见后，应将本协议书在1个月内交送丙方签署意见，逾期产生的后果由责任方承担

4. 备注

就业协议书中的备注栏是为毕业生、用人单位、学校三方共同约定的其他条款所设的。备注也是毕业生和用人单位依据国家就业政策,根据平等自愿的原则签署的书面意见,同样具有法律效力。备注通常包括工作期限(包括服务期、见习期和试用期)、劳动保护和工作条件、工资报酬和福利、违反就业协议的责任等内容。

(二)签订就业协议书的基本原则

就业协议书的签订原则包括主体原则和平等协商原则。

1. 主体原则

主体原则是指签订就业协议书的当事人必须具备合法的主体资格。对毕业生而言,就是必须取得毕业资格,如果学生在毕业派遣时未取得毕业资格,用人单位可以不予接收而无须承担法律责任。对用人单位而言,其必须具有从事各项经营管理活动的能力,具有录用毕业生的计划和录用自主权,否则毕业生可解除协议而无须承担违约责任。对学校而言,学校根据用人单位的要求如实介绍毕业生的在校表现,也应如实将所掌握的用人单位信息发布给毕业生。

2. 平等协商原则

平等协商原则是指签订就业协议书的三方的法律地位是平等的,任何一方都不得将自己的意志强加给另一方。学校不得采用行政手段要求毕业生到指定单位就业(不包括有特殊情况的毕业生);用人单位亦不应在签订就业协议书时,要求毕业生承担过高数额的违约金,更不能要求毕业生交纳就业保证金。三方当事人的权利、义务应是一致的。

(三)就业协议书的签订步骤

(1)毕业生与用人单位双向选择、洽谈。毕业生要全面了解用人单位基本情况及其接收毕业生的基本条件和要求,如实向用人单位介绍自己。

(2)毕业生到所在院(系)领取具有唯一编号的就业协议书原件,认真如实填写,院(系)审查后签署意见,加盖院(系)公章。

(3)经充分协商达成一致意见后,毕业生与用人单位签订就业协议书。如有其他约定,以文字方式在备注栏里注明。用人单位上级主管部门视用人单位性质、隶属关系等,可能需加盖相应公章或另附接收函(批)件。

(4)学校就业指导中心统一收取就业协议书,审查合格后,加盖学校就业指导中心公章。其中一份返给用人单位,一份返给毕业生本人,一份学校备案。

(四)无效协议书及就业协议的解除

1. 无效协议书

无效协议书是指欠缺就业协议书的有效要件或违反就业协议书签订的原则而不具备法律效力的就业协议书。无效协议书通常有以下两种。

(1)采用欺骗等违法手段签订的就业协议书。如用人单位不能如实介绍本单位情况,根本无用人计划而与毕业生签订的就业协议书,或毕业生在对个人情况有重要隐瞒等情况下签订的就业协议书。

（2）未经学校审查同意的就业协议书。在这种情况下，学校将不将毕业生列入就业方案，不予办理就业报到手续。学校经审查认为就业协议书对毕业生有失公平，违反公平竞争、公平录用的原则，或不符合国家有关政策规定时，学校有权拒签。

无效协议自订立之日起无效，产生的法律后果由责任人承担。

2. 就业协议的解除

就业协议的解除可分为单方解除和双方解除两种。

单方解除包括单方擅自解除和单方依法解除。单方擅自解除属违约行为。单方依法解除是指一方解除就业协议有法律上或协议上的依据，解除方无须对另一方承担法律责任。

双方解除是指毕业生、用人单位经协商一致解除就业协议，使协议不再具备法律效力。双方均不承担法律责任，但须征求学校同意。

毕业生与原用人单位解除就业协议后，方可重新与其他用人单位签订就业协议书。毕业生就业协议书一经签订，就对当事人具有约束力。任何一方不得随意解除协议，否则应承担违约责任。

就业协议书引发的纠纷

小张即将毕业时，经过多次面试、比较，与一家自己比较满意的公司签订了就业协议书。就业协议书签订以后，小张就没有再找别的工作，开始专心做毕业准备工作。不料，即将毕业时，小张收到签约公司的通知，说由于经营策略的变化，将原本计划招收的20名应届毕业生缩减为5名，公司要单方面与小张解除就业协议。小张非常恼火：自己正是因为和该公司签订了就业协议书，才不再继续求职的，这样一来，自己失去了很多就业机会，现在马上面临毕业，到哪里去找心仪的工作？

分析：

用人单位与毕业生在就业协议书中达成的意向是关于毕业生毕业以后到用人单位工作的，在未签订劳动合同的情况下，毕业生可以利用已经签订的就业协议书保障自己的权益。公司以经营策略调整为由单方面与小张解除协议是不合法的，小张有权要求单位赔偿自己的损失。

（五）签订就业协议书应注意的问题

1. 认真了解、掌握相关政策和规定

毕业生在签订就业协议书前，一定要认真、全面地学习有关的就业政策和规定。只有理解、掌握了就业政策和规定，才能正确确定择业方向，规范就业行为。同时，毕业生要了解用人单位的劳动用工政策、吸引人才政策，以及发达地区及中心城市录用非本地生源高

校毕业生的政策,这些政策都将对毕业生的择业产生导向、调控和制约作用。

2. 了解用人单位是否具有主体资格

用人单位必须有用人的权力,才算具备主体资格。如果其本身不具备用人的权力,则必须经具有用人权力的上级主管部门批准同意。因此,毕业生在签约前,一定要先审查用人单位的主体资格。

3. 以就业协议书原件为准

毕业生在与用人单位正式签订就业协议书时,一律以学校签章认定的印有统一编号的就业协议书原件为准,复印件无效。

4. 说明升学情况

准备升学的毕业生在签订就业协议书时,应将报考升学考试的有关事宜告知用人单位,经协商达成一致意见后予以备注。未告知、未协商的情况下,由于升学而违约的,由毕业生本人承担违约责任。

5. 把握签订就业协议学的时机和程序

通过双向选择,毕业生确定了用人单位,对方也明确表示录用意愿后,就要及时签订就业协议书。要避免在自荐时积极主动,在签约时瞻前顾后而丧失最佳时机。每位毕业生只能与一家用人单位签订就业协议书。如毕业生违约,毕业生需征得原用人单位的同意后,方可重新领取新的就业协议书继续择业;如用人单位违约,毕业生要及时报告辅导员和学校就业主管部门,以便维护自身合法权益。

 ## 二、办理毕业手续

(一)毕业生的就业流程

了解毕业生的整体就业流程,可以减少相关手续与事项办理过程中产生的问题。

毕业生的就业流程为:① 在指定的就业网站上注册;② 接收毕业生推荐表和就业协议书;③ 通过投递简历找到工作;④ 与用人单位签订就业协议书(用人单位、个人、学校各留存一份);⑤ 填写毕业生登记表;⑥ 参加毕业答辩、毕业典礼等;⑦ 接收户口迁移证、毕业证等;⑧ 等待学校就业部门将档案寄出;⑨ 到指定地点报到;⑩ 办理落户手续。

领取毕业证不代表已经完成了毕业的全部手续,还应关注档案的转递等相关事项的办理。

未办毕业手续的麻烦

晓茗是2024届市场营销专业的毕业生,毕业后进入一家公司从事销售工作。入职2个月后,她发现,同期入职的几个同事在从事相同工作的情况下,工资和福利水平远远高于自己。晓茗去询问公司的人事经理才知道，因为自己只图快些入职，毕业手续不完善，公司只是给她办理了简单的入职手续，并没有按照正式员工待遇为她缴纳社保费用，工资标准也低于正式员工。晓茗只能请假回校补办手续。

分析：

在离校前妥善完成毕业手续是我们正常办理入职手续、享受合法待遇的前提。只有毕业手续完善，我们的就业协议书、劳动合同、社会保险、户口、档案等方面的事项才能得到妥善处理。

（二）档案

毕业生的学籍档案以文字资料的形式记录了毕业生的在校学习成绩、家庭状况、在校期间表现和奖惩情况等。毕业生的人事档案由学籍档案转换而来。毕业生毕业后，学校将档案转交毕业生就业单位的人事部门或委托的人才交流机构。这时学籍档案正式成为人事档案。

现在，企事业单位的招聘、国家公务员的选拔等都要审查档案，并以其记载的相关内容作为甄选人才的重要依据。另外，办理社会保险、评定职称、考研、考公务员、政审、办理养老保险、计算工龄、办理居住证、入党等也都需要档案。总之，如果没有档案，个人的一些权益就得不到保障。

毕业前，学生的档案存放在学校。学生毕业后，学校将学生的档案直接送到省教育厅招生就业指导服务中心，各市人才交流中心按照省教育厅招生就业指导服务中心的时间安排取走本市学生的档案，然后再按学生的户籍所在地分配到各县（区）。毕业生已确定单位的，如果单位有人事接收权，档案就会转递到单位的人事处；单位没有人事接收权的，档案会被转递到单位所在地的人才交流服务中心，也可以自己到当地的人才交流服务中心进行挂靠。若暂缓领取，档案会留在学校两年。升学学生的档案，若其依然就读于本校，档案暂由学校保存，毕业后以同样的方式转递；若就读于其他学校，档案由学校寄送到学生升入的其他学校。

（三）毕业生的户口

户口是用以记载和留存住户人口基本信息的法律文书，证明个人的出生地。正式户口又有集体户口与个人户口之分。集体户口是为方便暂无房产且无亲戚、朋友可搭户的人而设的。个人户口也就是常见的居民户口。

毕业后户口分以下两种情况进行处理。

户口迁到学校的，毕业时可以把户口迁到单位所在地、生源地，或者迁到人才交流服务中心入集体户。户口没有迁到学校的，毕业时可以回生源地将户口迁到单位所在地。

户口迁移证不是所有人都有，只有入学时将户口迁到学校的毕业生才有户口迁移证。

（四）党组织关系

毕业生如在校期间被发展为中国共产党党员或中国共产党预备党员,应将发展材料装入档案,并领取党组织关系介绍信,交到用人单位。在没有建立党组织的外资企业、合资企业就业的毕业生,党组织关系转入企业所在地的人才交流服务中心。

三　签订劳动合同

（一）认识劳动合同

劳动合同是劳动者与用人单位确立劳动关系,明确双方权利和义务的协议。劳动合同要求劳动者在用人单位承担一定的职务或工种的工作,遵守劳动法律规定和用人单位的规章制度,并完成劳动合同约定的生产（工作）任务。用人单位则依据劳动合同的约定,按照劳动者的劳动数量和质量支付劳动报酬。劳动合同明确规定了劳动者和用人单位双方的行为;一旦劳动者和用人单位之间发生劳动争议,劳动合同将成为解决劳动争议的法律依据。

微课 2-6:
劳动合同

1. 劳动合同的必备条款

《中华人民共和国劳动合同法》（以下简称《劳动合同法》）第十七条规定,劳动合同应当具备以下条款:

（1）用人单位的名称、住所和法定代表人或者主要负责人;

（2）劳动者的姓名、住址和居民身份证或者其他有效身份证件号码;

（3）劳动合同期限;

（4）工作内容和工作地点;

（5）工作时间和休息休假;

（6）劳动报酬;

（7）社会保险;

（8）劳动保护、劳动条件和职业危害防护;

（9）法律、法规规定应当纳入劳动合同的其他事项。

劳动合同除规定的必备条款外,用人单位与劳动者还可以约定试用期、培训、保守秘密、补充保险等其他事项。

微课 2-7:
试用期

2. 劳动合同的常见约定条款

（1）试用期。

劳动合同可以约定试用期。劳动合同期限为三个月以上不到一年的,试用期不能超过一个月;劳动合同期限为一年以上不到三年的,试用期不能超过两个月;签订三年以上固定期限劳动合同或无固定期限劳动合同的,试用期不能超过六个月。同一用人单位不能与同一劳动者多次进行试用期的约定。

（2）培训。

用人单位可以根据实际需要约定对劳动者进行职业培训,包括就业前培训和就业后培训的条款,目的是提高劳动者的专业技术、专业知识和操作技能水平。

（3）保守秘密。

劳动合同中可以约定保守秘密条款,目的在于保护用人单位的经济利益,防止劳动者在了解和掌握了用人单位的商业秘密后擅自泄密,造成用人单位的损失。

（4）补充保险。

用人单位可以为劳动者办理商业保险,如意外伤害险、第三人责任险,作为社会保险外的补充保险,并在劳动合同中约定。

签订劳动合同应细心

小张在一家广告公司实习,由于表现突出,毕业后,他顺利进入该公司工作。签合同时小张发现,合同中的待遇、福利等条款为空白,却另外规定小张的服务期限为三年,如果小张想辞职,必须赔偿公司5万元。人事经理让他签名,小张觉得自己在该公司实习过一段时间,彼此都是熟人,公司应该不会骗自己,就签上了自己的名字。没想到,正式入职后他才发现,明明干的活是一样的,自己的待遇却与其他员工相差很大。小张不堪忍受,半年后便向公司提出辞职。公司却翻脸不认人,提出他必须按合同的规定赔偿公司5万元。

分析:

和小张一样急于找工作,与用人单位稀里糊涂签下劳动合同的同学并不少,有些同学甚至连合同都不签就给用人单位"打黑工"。这些都会导致我们的合法权益受到侵犯。

3. 劳动合同的形式与期限

《中华人民共和国劳动法》(以下简称《劳动法》)第十九条规定:劳动合同应以书面形式订立。《劳动法》第二十条规定:劳动合同的期限分为固定期限、无固定期限和以完成一定的工作为期限。

（1）固定期限的劳动合同。

固定期限的劳动合同是指双方当事人在合同中,对履行劳动合同的起始时间和终止时间有具体明确的规定的劳动合同。这一期限可长可短,如半年、5年、10年或者更长。这种合同应用范围最广。

（2）无固定期限的劳动合同。

无固定期限的劳动合同是指双方当事人在合同中没有约定其有效期限,只要不出现法定或约定的终止条件,便一直有效的劳动合同。这种合同一般适用于技术复杂又需要长期保持人员稳定的工作岗位,用人单位可以与劳动者协商签订这种合同。

（3）以完成一定的工作为期限的劳动合同。

这种劳动合同是指双方当事人把完成某一项工作或工程之时作为履行劳动合同的终止时间的劳动合同。约定的工作或工程完成时,劳动合同也就期满终止。这类合同一般适用于建筑行业。

（二）签订劳动合同的原则

1. 合法原则

劳动合同必须依法以书面形式订立,做到主体合法、内容合法、形式合法、程序合法。只有合法的劳动合同才能产生相应的法律效力。任何一方面不合法的劳动合同都是无效合同,不受法律承认和保护。

2. 协商一致原则

在合法的前提下,劳动合同的签订必须是劳动者与用人单位双方协商一致的结果,是双方合意的表现,不能是单方意思表示的结果。

3. 合同主体地位平等原则

在劳动合同的签订过程中,当事人双方的法律地位是平等的。劳动者与用人单位不因为各自性质的不同而处于不平等地位,任何一方不得对另一方进行胁迫或强制命令。

4. 等价有偿原则

劳动合同是一种双务有偿合同,劳动者承担和完成用人单位分配的劳动任务,用人单位付给劳动者一定的报酬,并负责支付劳动者的社会保险费用。

拓展链接 2-5 ▶ **就业协议书和劳动合同**

就业协议书和劳动合同都是用人单位录用毕业生时所签订的书面协议,两者分别处于两个相互联系的不同阶段。

1. 就业协议书与劳动合同的相似之处

（1）确立劳动关系的目标一致。

毕业生与用人单位签订了就业协议书就要去签约单位工作,用人单位就要为其安排相应的岗位。就确立劳动关系的目标来说,就业协议书与劳动合同是一致的。

（2）主体的意思表达一致。

双方的权利、义务关系都是在协商的基础上确定,在实践中得以履行的。就业协议书如此,劳动合同也是如此。

（3）法律依据一致。

就业协议书是确立劳动关系的一种协议,有试用期、最低劳动年限方面的约定,与劳动合同的要求一致,遵循《劳动法》中有关劳动合同的规定。

2. 就业协议书与劳动合同的不同之处

（1）主体不同。

就业协议书专指高校毕业生与用人单位签订的工作协议,而作为劳动合同主体之一的劳动者可以是高校毕业生,也可以是其他劳动者。

（2）内容不同。

就业协议书是对双方相互选择的关系的确定，劳动合同是在明确工作关系后签订的关于双方权利与义务的协议。

（3）处理相应纠纷的部门不同。

关于就业协议书的纠纷一般上报给学校就业主管部门，由其进行调解。若调解不成，可以诉诸法律。而关于劳动合同的纠纷，可以上报给劳动争议调解委员会或劳动仲裁机构，也可以要求根据《劳动合同法》处理。

（4）宏观作用不同。

就业协议书是高校制订就业计划的重要依据，而劳动合同是国家对各类社会人员就业情况的统计依据。

（三）劳动合同的解除

劳动合同的解除分为劳动合同双方当事人协商一致解除、劳动者单方解除、用人单位单方解除。对于单方解除的情形，需要格外关注。

1. 劳动者单方解除

《劳动法》规定，劳动者单方解除劳动合同分为提前三十日以书面形式通知用人单位解除劳动合同和随时通知用人单位解除劳动合同两种类型。《劳动合同法》补充规定了第三种类型，即用人单位以暴力、威胁或者非法限制人身自由的手段强迫劳动者劳动，或者用人单位违章指挥、强令冒险作业危及劳动者人身安全的，劳动者可以立即解除劳动合同，无须事先告知用人单位。

以下情形下，劳动者可以随时通知用人单位解除劳动合同：① 用人单位未按照劳动合同约定提供劳动保护的；② 用人单位未依法为劳动者缴纳社会保险费的；③ 用人单位的规章制度违反法律法规的规定，损害劳动者权益的；④ 用人单位因《劳动合同法》第二十六条第一款规定的情形（以欺诈、胁迫的手段或者乘人之危，使对方在违背真实意思的情况下订立或者变更劳动合同）致使劳动合同无效的；⑤ 法律、行政法规规定劳动者可以解除劳动合同的其他情形。

2. 用人单位单方解除

《劳动法》规定，劳动者在试用期间被证明不符合录用条件的；严重违反劳动纪律或者用人单位规章制度的；严重失职，营私舞弊，对用人单位利益造成重大损害的；被依法追究刑事责任的，用人单位可以随时通知劳动者解除劳动合同。《劳动合同法》补充规定了用人单位可以随时通知劳动者解除劳动合同的其他情形：① 劳动者同时与其他用人单位建立劳动关系，对完成本单位的工作任务造成严重影响，或者经用人单位提出，拒不改正的；② 因本法第二十六条第一款第一项规定的情形，致使劳动合同无效的。

《劳动法》规定，有下列情形之一的，用人单位可以提前三十日以书面形式通知劳动者解除劳动合同：① 劳动者患病或者非因工负伤，医疗期满后，不能从事原工作，也不能从事由用人单位另行安排的工作的；② 劳动者不能胜任工作，经过培训或者调整工作岗位，仍不能胜任工作的；③ 劳动合同订立时所依据的客观情况发生重大变化，致使原劳动合同无法履行，经当事人协商不能就变更劳动合同达成协议的。

不过，即使具备用人单位提前三十日以书面形式通知劳动者可以解除劳动合同及裁减人员的一般情形，如果劳动者有下列情形之一，用人单位也不得与劳动者解除劳动合同：① 患职业病或者因工负伤并被确认丧失或者部分丧失劳动能力的；② 患病或者负伤，在规定的医疗期内的；③ 女职工在孕期、产期、哺乳期内的；④ 法律、行政法规规定的其他情形。

另外，用人单位对未进行离岗前职业健康检查的劳动者，不得解除与其订立的劳动合同；在疑似职业病病人诊断或者医学观察期间，不得解除与其订立的劳动合同；劳动者在本单位连续工作满十五年，且距法定退休年龄不足五年的，不得解除与其订立的劳动合同。

四 管控就业风险

（一）高校毕业生就业风险的特征

高校毕业生就业风险具备风险的一般相关特征，了解其特征有助于我们更好地对其进行识别与应对。

1. 客观性

就业风险是由客观环境里的主客观因素引起的，它不以人的意识为转移，具有客观性。

2. 相关性

相关性是就业风险的一大特点，不论是就业风险的频率还是就业风险的损失等，都不能用某个固定的绝对值去衡量。就业风险的产生有其原因，这些风险因素相互关联，这些因素造成的风险事件导致的损失和后果也相互关联。

3. 潜在性

就业风险是客观存在的，但风险表现是不确定的，风险带来的损失也是不确定的，这种不确定性决定了就业风险具有潜在性。我们要充分重视影响就业风险的潜在因素，通过认真梳理，加强对潜在风险的预防和控制，减少或杜绝就业风险事故的发生。

（二）常见的高校毕业生就业风险

1. 中介风险

（1）有些职业中介机构通过发布招聘信息，大量收集高校毕业生的个人信息，然后倒卖营利。

（2）有些职业中介机构在收取高额的中介费后，寻找各种借口，拒绝为毕业生寻找工作机会，想要回中介费却非常困难。

（3）有些职业中介机构与不法用人单位勾结，收取不菲的费用后，以种

微课 2-8：
防范就业陷阱

种理由推脱责任。有的虽然给毕业生介绍了工作机会,但用人单位的状况与毕业生的求职要求相去甚远。有的毕业生虽然上岗工作了,但很快就会被用人单位以各种借口辞退。

(4)有些职业中介机构相互串通,以高薪、大城市就业、落户等诱饵骗取高额中介费后,将毕业生介绍给其他中介机构,然后让毕业生去不法用人单位或私人小企业打零工,其户口、档案等材料被长期违法扣留甚至弄丢。

(5)有些职业中介机构利用毕业生急于找工作的心理,假装按照正常的招聘程序,先对毕业生进行笔试,之后要求毕业生到指定的机构体检,体检完成后,再以体检不合格或者面试不合格为由堂而皇之地拒绝毕业生。毕业生交的体检费则被"黑中介"和指定的体检机构瓜分。

拓展阅读2-1:
求职应聘,警惕这十大"陷阱"

2. 财物风险

虽然国家早就明文规定,任何单位在招聘员工时都不得以任何理由、任何形式收取押金或者以其身份证、毕业证等作抵押,但目前仍有一部分用人单位以便于管理为由向求职者收取押金、证件。在收取押金或证件之后,用人单位便可以为所欲为。

样品费的骗局

小唐看到一家公司在报纸上发布招聘广告,声称要招业务员,同时许诺提供比较优厚的待遇。当小唐上门应聘时,公司提出先要进行考察,合格后再予以录用。考察方式是与他订立一份产品推广协议,并提供一套产品给小唐去推销,公司收取样品费8 500元。协议约定,求职者必须以公司规定的价格卖掉该产品。如果完成了销售任务,则予以录用并退还样品费;不能完成销售任务,则不予录用也不退还样品费。当小唐去推销公司提供的产品时,才发现公司规定的产品销售价格远远高于其实际价值,产品根本就卖不掉。小唐所交的8 500元样品费就这样被这家公司"黑"掉了。

分析:

法律规定用人单位不得向求职者收取任何费用,但仍有一些单位巧立名目,向求职者索要报名费、办证费、培训费、保证金、资料费、劳保费、保险费等名目繁多的费用,骗取求职者的财物,这种"机会"最好还是不要。

3. 试用期风险

试用期是包括在劳动合同期限内,用人单位对劳动者是否合格进行考核,劳动者也对用人单位是否符合自己的要求进行考核的期限,具有双向选择的性质。

试用期劳动者薪资待遇低的现象非常普遍,有些用人单位视试用人员为廉价劳动力,任意压低其薪资,甚至不给工资。有些用人单位为了逃避责任,在试用期内不与劳动者签订劳动合同,一旦试用期满,就找种种借口辞退劳动者。还有一些用人单位硬性规定试用期间的一切意外伤害都不列入工伤范围。这些都是部分非法单位热衷于约定试用期的重要原因。《劳动合同法》规定：劳动者在试用期的工资不得低于本单位相同岗位最低档工资或者劳动合同约定工资的百分之八十，并不得低于用人单位所在地的最低工资标准。

4. 知情权风险

招聘的原则是"双向选择"，既然是双向选择，求职者就应该有了解对方的权利。《劳动合同法》明确规定，"用人单位招用劳动者时，应当如实告知劳动者工作内容、工作条件、工作地点、职业危害、安全生产状况、劳动报酬，以及劳动者要求了解的其他情况"。也就是说，在应聘时，我们有权了解用人单位的基本情况、自己的工作内容和劳动报酬等。此外，用人单位还应当根据劳动者的要求，及时向其反馈是否录用的情况。部分用人单位利用毕业生急于找工作的心理，对本单位的情况遮遮掩掩、无限夸大，或干脆回复"无可奉告"，这些都侵害了我们的知情权。

5. 安全风险

一些别有用心的用人单位索要毕业生的各种证件、签名。毕业生如果在应聘中留下重要信息，就可能成为各种形式的债务人或被敲诈勒索的对象。还有些招聘单位以招聘、面试作为掩护，提供非法工作，让毕业生从事偷盗、抢劫、涉毒、偷运、销赃、窝赃等违法活动，使毕业生沦为不法之徒的帮凶。一旦事情败露，违法者踪影全无，而毕业生成为替罪羊。

 思考与讨论

　　小张在别人的介绍下来到了一家职业中介所。工作人员当即给小张联系了一家单位，条件是需交1 000元押金，成功后再交500元算是中介费，如失败则只需交50元服务费，1 000元押金退回。小张去那家单位进行了面试，结果发现工作环境差且待遇很低，就没有签约，等回到职业中介所要押金时，工作人员却说单位已经给你找好了，是你自己不愿意去，执意不肯退押金。

　　小组讨论：上述案例中的小张遭遇的风险类型是什么？他应如何保护自己的就业权益？

活动与训练

维权方案设计

小王毕业后进入一家面粉厂工作，由于销量下滑，公司临近年尾时没有资金结算员工工资，提出给每个员工发放20袋面粉，以出厂价折抵部分工资。

分组讨论：小王应该怎样维权？

职业素养
——扣好人生的第一粒扣子

任务一 培养职业品质

任务二 学会自我管理

　　"青年的价值取向决定了未来整个社会的价值取向,而青年又处在价值观形成和确立的时期,抓好这一时期的价值观养成十分重要。这就像穿衣服扣扣子一样,如果第一粒扣子扣错了,剩余的扣子都会扣错。"习近平总书记告诫我们,人生的扣子从一开始就要扣好。

　　理想指引人生方向,信念决定事业成败。没有理想信念,就会导致精神上"缺钙"。中国梦是全国各族人民的共同理想,也是青年一代应该牢固树立的远大理想。中国特色社会主义道路是我们党带领人民历经千辛万苦找到的实现中国梦的正确道路。作为当代大学生,如何扣好人生的第一粒扣子,是人生的一个大课题。当代大学生肩负着祖国的未来,是中国特色社会主义事业的合格建设者和可靠接班人,更要形成良好的职业素养,为未来的发展打好基础。

学习指南

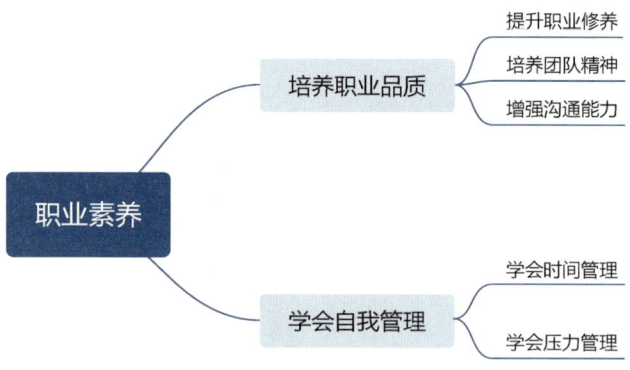

任务一 培养职业品质

一 提升职业修养

（一）职业精神

1. 职业精神的定义

职业精神与人们的职业活动紧密联系。人们在一定的职业生活中能动地表现自己，就形成了一定的职业精神。所谓职业精神，就是与人们的职业活动紧密联系，并具有相关职业特征的精神。

2. 职业精神的内容

社会主义职业精神由八个要素构成，分别是职业理想、职业态度、职业责任、职业技能、职业纪律、职业良心、职业信誉、职业作风，它们相互关联，形成了严谨的职业精神内容。

（1）职业理想。

社会主义职业精神提倡的职业理想为放眼社会利益，努力做好本职工作，全心全意为人民服务、为社会主义服务。职业理想是职业精神的灵魂。

（2）职业态度。

树立正确的职业态度是做好本职工作的前提。职业态度是指个人对所从事职业的看法及在行为举止方面的反应倾向。职业态度与个人对职业的价值认识，即职业观和情感维系程度有关，是构成职业行为倾向的稳定的心理因素。积极的职业态度能促使人们在工作中奋发钻研，提高工作效率。

（3）职业责任。

职业责任是指个人在一定职业活动中所承担的特定的职责，包括个人应该做的工作和应该承担的义务。职业责任是社会分工决定的，是职业活动的中心，也是构成特定职业的基础。

（4）职业技能。

职业技能是指个人就业所需具备的技术和能力。职业技能具有职业精神价值，具有良好职业技能的劳动者，其劳动积极性会增强，职业素质也会有所提升。

（5）职业纪律。

社会主义职业纪律是劳动者在利益、信念、目标基本一致的基础上形成的高度自觉的新型纪律，可以保障劳动者的自由和人权，保障劳动者发挥主动性和创造性。

（6）职业良心。

职业良心是劳动者对职业责任的自觉意识,贯穿于职业行为过程的各个阶段,是劳动者重要的精神支柱。

（7）职业信誉。

职业信誉是职业责任和职业良心的价值尺度,包括对职业行为的社会价值做出的客观评价和正确认识。社会主义职业精神强调职业信誉,更重视把社会的客观评价转化为劳动者的自我评价,促使劳动者自觉发扬社会主义职业精神。

（8）职业作风。

职业作风是劳动者在其职业实践中所表现的一贯态度。从总体上看,职业作风是职业精神在劳动者职业生活中的习惯性表现。劳动者有了优良的职业作风,就可以互为榜样,形成良好的职业风尚。

（二）职业道德

1. 职业道德的含义

职业道德是劳动者在职业活动中应遵循的符合自身职业特点的职业行为规范,是根据职业特点确定的指导和评价劳动者职业行为的准则。每个劳动者都既要共同遵守基本的职业道德行为规范,又要遵守具备自身行业特征的职业道德规范。职业道德品质是通过知识学习和社会实践,在社会环境的影响下逐渐形成的,它是劳动者将向善发展的职业道德意识、意志、情感、理想、信念、观念(精神)固化的结果。

2. 职业道德的特征

（1）职业性:职业道德必须通过劳动者的职业活动体现。

（2）普遍性:劳动者必须共同遵守基本的职业道德行为规范,职业道德中的爱岗敬业、忠于职守、诚实守信、团队合作、遵守法律、勤俭节约、奉献社会等内容具有普遍适用性。

（3）行业性和多样性:职业道德与社会职业分工紧密联系,各行各业都有具备自身行业特征的职业道德规范。

（4）自律性:职业道德具有促使劳动者自我约束、自我控制职业行为的作用。

（5）他律性:职业道德具有产生舆论影响力的特性,劳动者在职业生涯中随时都受所在职业领域的职业道德舆论的影响。

（6）相对稳定性:劳动者形成良好的职业道德后,一般不会轻易改变,它会自觉或不自觉地指导劳动者的职业行为,并影响他人的职业行为。

（7）实践性:劳动者的职业道德知识、情感、意志、信念、觉悟等必须通过职业活动,在自己的行为中表现出来。

微课 3-1:
职业道德

思考与讨论

以下说法分别体现了职业道德的哪些特点?

（1）"百问不厌,有问必答"是对营业员的要求,而对于需要保守国家机密的公务员而言,这样的要求可能导致泄密。

（2）没有不需要职业道德的职业。

（3）"保护学生安全"作为教师的职业道德规范,要求教师不能置学生的安全于不顾。

3. 职业道德的内容

中共中央印发的《公民道德建设实施纲要》规定了所有劳动者在职业活动中都应该遵循的职业道德的五项基本规范,即"爱岗敬业、诚实守信、办事公道、热情服务、奉献社会"。

（1）爱岗敬业。

爱岗敬业是职业道德的基础和核心内涵,是对工作态度的基本要求。爱岗敬业作为处理个人与职业关系的道德规范,要求劳动者礼敬职业,既要践行"礼在外表",又要做到"敬存内心"。只有敬业才会真心爱岗,才能牢固树立由内而外地礼敬职业的职业态度。

拓展阅读3-1：
石启强：心
在路上，路
在心中

（2）诚实守信。

诚实守信是职业道德建设的立足点,也是行业形象的根本。诚实守信是做人做事的原则,体现了一种崇高的人格力量。诚实守信要求职业人树立真心做事、实在做人的职业态度,处理好个人与职业的关系,践行诚信无欺、讲究质量、信守合同、维护职业信誉的职业行为规范,处理好与服务对象的关系。

（3）办事公道。

办事公道是劳动者处理与服务对象的关系及行业内部关系时必须具备的职业操守。办事公道既强调在办事时坚守公正无私的品德,又要求在职业活动中做到坚持真理、廉洁奉公、不谋私利、不惧权势、照章办事、平等待人。

（4）热情服务。

热情服务就是全心全意为人民服务,尽心尽力干好工作。热情服务既包含对服务对象的态度的要求,又包含履行职责、尽力做好事情的道德要求。热情服务的核心要求是致力于做好为人民服务的本职工作。

（5）奉献社会。

奉献社会就是积极、自觉地为社会做贡献。这是社会主义职业道德的本质特征。奉献社会自始至终体现在爱岗敬业、诚实守信、办事公道和热情服务等要求之中。奉献社会并不意味着不要个人的正当利益,不要个人的幸福。恰恰相反,一个能自觉做到奉献社会的人,才真正找到了个人幸福的支撑点。奉献社会和个人利益是辩证统一的。

 思考与讨论

一家软件公司招聘程序员,待遇非常优厚,求职者众多。小李原来是一家网络公司的程序员,因为更换了就业城市,也在求职的队伍之中。当来到最后的面试环节时，技术主管问他："听说你原来就职的公司开发出了一个网络维护的软件，你是否参加过研发？"小李回答："是的。"主管接着问："你能把这项技术的核心内容介绍一下吗？"小李明白了，原来这家公司是想获得自己原公司的核心技术。

如果你是小李，你会怎么回答？

 **案例3-1**

廷·巴特尔：把生态好、牧民富作为初心使命

秋到草原，牧草渐熟，牧民们忙碌起来。清晨，内蒙古自治区阿巴嘎旗洪格尔高勒镇萨如拉图雅嘎查牧民廷·巴特尔（图3-1）早早起床，备齐工具，驾驶着打草机来到自家草场，娴熟地收割牧草。

"这些割下来的草就留在草场上，让存栏的牲畜越冬时吃，这样更省人力。散落下的草籽来年能长出更多新草，对草原生态也好……"忙活了一

图3-1　廷·巴特尔在草场中

上午，廷·巴特尔顾不得拍掉身上的草屑，就对几位来访的牧民叮嘱起来。"乡亲们愿意来我这儿聊聊这些干活儿的经验。"

1974年，高中毕业的廷·巴特尔离开家乡，到萨如拉图雅嘎查插队。在蒙古语中，萨如拉图雅的意思是"明亮的霞光"。可在廷·巴特尔的记忆里，当时那里的生活说不上明亮：牧民住的蒙古包黑黢黢的，毛毡上打着补丁，很多人家里连像样的被褥也没有。"乡亲们把家里最好的吃食都给了我们这些城里娃，晚上睡觉时怕我们挨冻，还脱下皮袄给我们盖上。"在与牧民们朝夕相处的日子里，他"一定要帮大伙儿过上好日子"的念头越来越强烈。他一边向牧民虚心求教，一边刻苦钻研，很快掌握了放牧、打草、剪羊毛、修围栏等本领。20世纪70年代末，廷·巴特尔有了回城的机会，他却毅然决定留在草原。他说："草原太需要建设了，我留在这里能为草原多做些事。"

1993年，廷·巴特尔担任嘎查党支部书记。他号召嘎查"两委"班子成员齐出力，通过"流动扶贫羊群"项目帮助收入过低的牧民增收。为带领乡亲们进一步增收，2003年，他牵头成立了扶贫公司。之后的十几年里，公司用经营所得给考上大学的牧民子女发奖励，给盖房子、建棚圈的牧民发补助，还为牧民们缴纳医保费用。

既要金山银山，又要绿水青山。萨如拉图雅嘎查地处浑善达克沙地西北边缘，生态环境十分脆弱。多年来，廷·巴特尔带头在沙化较严重的地方植树造林，建成

了一处沙地柏保护区和两处黄柳基地。他还带着牧民"围栏轮牧",让草地得以更好地恢复。2010年,在当地政府支持下,廷·巴特尔居住的房屋附近建起了蓝顶白墙的农牧民培训中心。室内摆着图文并茂的展板,既有他发展畜牧业的经验介绍,又有牧场生态环境和附近出没的野生动物照片。每当有牧民来,不管多忙,廷·巴特尔都会放下手里的活,带牧民参观培训中心、棚圈设施和机械设备等,利用通俗语言和现场演示介绍他在努力做到收入高、支出低、劳动强度小、牧场生态好方面的经验。"只要他带头,我们跟着学、照着做准没错。我家现在一年纯收入30多万元,牧草长势也不错,"嘎查牧民云亮乐呵呵地说,"他带着我们过上了好日子哩。"

(资料来源:于嘉、侯维轶,廷·巴特尔:生态好牧民富是我的初心使命,新华网)

分析:

廷·巴特尔把生态好、牧民富作为初心使命,形成了高尚的职业理想。正是在这一职业理想的指导下,他在条件艰苦的草原上专注奋斗,乡村振兴和生态保护"两手抓",帮助牧民保护好生态环境,过上了幸福生活。

二、培养团队精神

新时代的大学生承担着重大的历史使命。在社会分工越来越专业、越来越细化的今天,我们的未来发展之路上有机遇,有挑战,需要个性,更强调合作。我们要学会辩证对待与正确处理个人与他人、个人与集体、个人与社会的关系,学会合作,实现个人与集体的双赢。

(一)团队的概念与分类

1. 团队的概念

团队是指两个或者两个以上相互作用、相互依赖的个体为了特定目标而按照一定规则结合在一起形成的组织。可以将团队理解为由为了实现某一目标而相互协作的个体所组成的正式群体。

团队能够完成个体不能完成的目标和任务。团体成员之间为平等、合作、互相尊重和配合的关系。团队成员根据目标和任务进行分工,以有利于目标的实现和个体技能的发挥为基本原则。

2. 团队的分类

依据不同的标准,可以将团队分为不同的种类。按照团队组织结构的松紧程度,可以将其分为紧密型团队与松散型团队;按照团队的管理方式,可以将其分为民主型团队与专制型团队;按照团队的合作方式,可以将其分为合作团队和竞争团队;按照团队在用人单位中的不同工作任务,可以将其分为作业团队、营销团队和管理团队;按照团队成员在完成任务时的相互依赖水平,可以将其分为相互作用型团队、协作型团队和对抗型团队;

按照团队成员的来源、拥有自主权的大小及团队存在的目的，可以将其分为问题解决型团队、自我管理型团队和跨功能型团队。

以种植"仙草"逐梦的创业团队

"马上到五月份，就能迎来采摘石斛花的时节了。石斛花中蕴含的独特成分有安神解郁的功效，可以起到改善睡眠的作用……"初春时节，阳光明媚，空气清新，霍山县诸佛庵镇三河村内的一处石斛种植基地里，吴菲正在进行网络直播，向网友解说霍山石斛的相关知识和功效。

吴菲是安徽极石生物科技有限公司的三位合伙人之一。在这个创业团队中，他们三个有比较明确的分工：公司创办人刘波负责统揽公司各项事务，张超负责基地种植方面的工作，吴菲则主要负责市场营销。说起自己的创业经历，刘波说："我曾经在网上经营以霍山石斛为主的大别山中药材，做的时间长了，我对这个行业的发展有了自己的思考。我觉得，要想保证行业的健康发展，优质的产品是第一位的，这也促使我下定决心去大山里种霍山石斛。"对于这个创业想法，三人一拍即合，开始一起为基地的发展奔波忙碌。

说起自己如何组建团队时，刘波说，在寻找合伙人时，除了人品、能力，他最在意的就是拥有共同的价值观。"在种植石斛的过程中，我们遇到了很多困难，有大雪、洪水等自然灾害，经验不够造成的病虫害损失，还有一些人为的困难。"一次，因为当年夏天的雨季较长，石斛基地里长了不少鼻涕虫。为了保证石斛的质量，他们没有选择喷药，而是决定手工除虫。那段时间，三人每天都打着伞在基地里干到晚上，有时甚至到凌晨，却没有人抱怨。虽然创业初期的经营非常艰难，但三人始终共同面对风雨，共同解决问题，最终让基地的发展走上了正轨。

（资料来源：90后创业团队：种植"仙草"坚持梦想，人民网）

分析：

团队合作不仅强调个人的能力和表现，更强调整体效果。团队成员优势互补，致力于实现共同的目标，共同承担权利与义务，才能使整体收益大于个体收益的总和。

（二）团队精神

1. 团队精神的内涵

团队精神是团队成员基于共同的目标和价值取向，自觉、主动地维护团队的利益，构建和谐的人际关系，为实现团队目标而主动奋斗的精神。

2. 团队精神的表现

团队精神是大局意识、协作态度和服务质量的集中体现。团队精神的基础是尊重个人的兴趣和成就，核心是协同，体现为全体成员形成的向心力、凝聚力，反映的是个体利益和整体利益的统一，并进而保证整体的高效率运转。团队精神主要表现在以下三个方面。

（1）个体与整体的关系。

团队精神的一个重要表现是团队成员对团队具有强烈的归属感，他们由衷地把自己的前途与团队的发展紧密地联系在一起，愿意为实现团队的利益和目标而尽心尽力，在对待个人利益与团队利益之间的关系时，会义无反顾地遵守团队利益优先的原则。

（2）个体之间的关系。

团队精神的另一个重要表现是成员之间相互协作、共为一体。团队成员就像一家人，相互依存、同舟共济、肝胆相照、荣辱与共。成员之间一方面和谐相处，充满凝聚力；另一方面彼此促进成长，为团队的发展不懈奋斗，追求团队合作的整体绩效。

（3）个体对整体事务的态度。

团队精神还表现为成员对团队事务的全身心、全方位投入。团队成员具有极强的责任感，积极参与管理和决策活动，充分发挥自己的积极性、主动性和创造性，把团队的事视作自己的事，对待团队事务尽职尽责、尽心尽力、认真勤勉、充满热情。

3. 团队精神的作用

团队精神的作用主要体现在引领、凝聚、激励和控制等方面。这种作用是隐性、持续和深入的，通过对团队成员在思想观念、行为举止等方面潜移默化的影响，为团队发展提供强大的精神动力。

（1）引领作用。

团队精神是团队成员为实现共同目标而体现出的精神风貌，可以引领团队成员为实现共同目标，朝着同一个方向共同努力。团队的整体目标将被分解，由各团队成员分别承担，从而实现团队成员的齐心协力、共同奋斗。

（2）凝聚作用。

团队精神通过凝聚团队成员，促使团队成员在思想上达成一致，并将团队精神内化为自身的思想价值观念，提升团队的凝聚力，让团队成员对团队的目标、价值产生强烈的认同感，形成强大的团队向心力。这种凝聚力和向心力将反作用于团队建设，不断推动团队向前发展。

（3）激励作用。

团队精神可以使团队成员兼顾个体利益与整体利益，使践行集体主义、全局观念成为成员的自觉行为，有利于营造团队内部和谐友善、相互支持、相互鼓励、奋发向上、共为一体的成长环境，促进团队成员互相学习、取长补短，不断完善自己，主动将自己的聪明才智毫无保留地贡献给团队，同时也促使自身获得更为全面的发展。

（4）控制作用。

团队建设需要有形和无形的约束。团队精神的控制作用主要通过团队形成的核心思想、共同观念、和谐氛围去规范、约束个体的思想和行为。这种作用是潜意识中的，团队成员在团队精神长期潜移默化的影响下会自觉形成习惯，在思想、行动上不断向团队靠拢，为团队目标的实现贡献力量。

4. 大学生团队精神的培养

具备团队精神是社会和用人单位对我们的综合素质的基本要求。要培养团队精神，我们需要从以下几个方面入手。

（1）强化思想素质。

习近平总书记指出，广大青年要认真学习马克思主义理论，结合学习党史、新中国史、改革开放史、社会主义发展史，在学思践悟中坚定理想信念，在奋发有为中践行初心使命。我们要有意识地养成社会主义核心价值观，不断增强对国家的自豪感和自信心，将个人发展与国家发展、民族振兴相结合，形成锐意进取、砥砺奋进、团结向上、互帮互助的品质。

（2）参加社团活动。

社团活动是大学生团队精神培养的重要平台，为我们的全面发展提供了机会和载体。通过参加社团活动，我们可以增强对团队活动的热情和积极性，在真实体验中深刻领会团队合作的重要性，明确自身的特点和角色。

（3）参加社会实践。

习近平总书记指出，广大青年要牢记"空谈误国，实干兴邦"，立足本职、埋头苦干，不怕困难、攻坚克难，勇于到条件艰苦的基层、国家建设的一线、项目攻关的前沿经受锻炼，增长才干。社会实践能帮助我们了解社会、明确目标、坚定理想，结合时代主题和自身的成长需要，感受团队合作、共同奋斗的魅力，增强团队合作的意识和能力，强化对团队精神的理解和感悟。

三　增强沟通能力

沟通能力是我们应具备的基本能力。如果想说得生动、讲得形象，就要勤学习，多读书，不断充实自身的知识储备，将其与学习、生活和职业发展联系起来，突出语言运用的创新，力求做到语言表达简明扼要、生动鲜活。

（一）沟通的概念与类型

沟通是人与人之间传递信息、传播思想、传达情感的过程，是了解他人思想、情感、见解、价值观的途径，是人与人之间交往的桥梁，通过这座桥梁，人们可以分享彼此的情感和知识，消除误会，增进了解，达成共同认识。

根据不同的标准，沟通可以分为不同的类型。沟通根据功能，可以分为工具式沟通和感情式沟通；根据发生的场景，可以分为正式沟通与非正式沟通；根据信息载体，可以分为语言沟通和非语言沟通；根据方向，可以分为下行沟通、上行沟通和平行沟通；根据有无反馈，可以分为单向沟通和双向沟通。

（二）沟通能力的概念

沟通能力指通过有效的听、说、谈、写获取并传达信息的能力,是沟通者所具有的能胜任沟通工作的优良主观条件,包括外在技巧和内在动因。

是否恰如其分和沟通效益是人们判断沟通能力水平的基本尺度。恰如其分指沟通行为符合沟通情况和对彼此之间关系的期望;沟通效益则指沟通活动在多大程度上达到了预期的目标,或者满足了沟通者的需求。

沟通能力主要包括沟通倾向、沟通技能和沟通认知三个方面(图3-2),主要体现在能够在恰当的时间通过各种信息传递媒介,将自己的想法、感受与态度,有效、明确地向他人表达,并且能对他人反馈的信息给予快速、正确的解读,从而了解他人的想法、感受与态度。

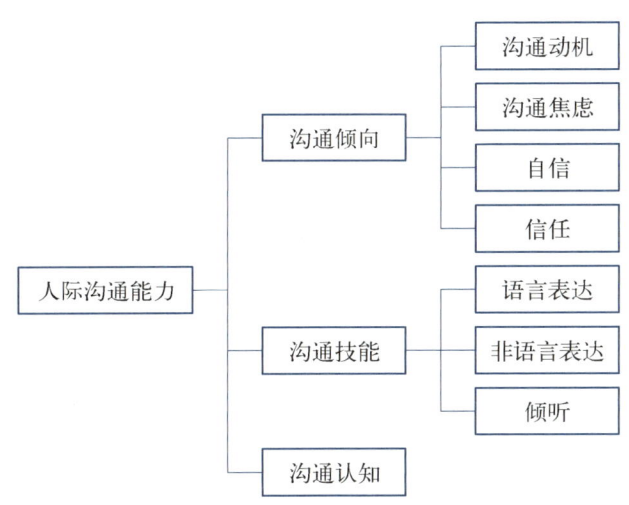

图3-2　人际沟通能力结构图

中国的《罗密欧与朱丽叶》

1954年4月20日,周总理率领中国代表团参加日内瓦会议。大会期间,中国代表团为外国官员、记者举行电影招待会。出国之前,周总理特意让工作人员带上国内刚刚拍出不久的彩色越剧片《梁山伯与祝英台》。有人担心外国人看不懂,建议干脆把剧名译成"梁与祝的悲剧"。还有人建议为电影写一份说明书。周总理说:"你搞十几页的说明,我要是记者就不看了,又不是听教授讲社会发展史。"周总理信心十足地说:"你只要在请柬上写一句话就行了,'请您欣赏一部彩色歌剧电影——中国的《罗密欧与朱丽叶》',你们试试,我保证你们不会失败。"

中国的《罗密欧与朱丽叶》果然引起了外国官员、记者们的极大兴趣。电影放映时，观众果然入戏了，全场鸦雀无声。当演到"哭坟"和"化蝶"时，很多观众发出同情的感叹声。影片结束了，灯光复明，全场的观众如醉如痴，静默了一分多钟。突然，不知哪一位观众鼓了一下掌，全场顿时沸腾了，暴风骤雨般的掌声、喝彩声经久不息。代表团的工作人员高兴地互相祝贺，在激动之余更加敬佩周总理的智慧。

分析：

周总理学识渊博、智慧超群，在与他人沟通交流的过程中，展现出高超的沟通能力和炉火纯青的沟通艺术，在语言的表达上随机应变、出口成章、语言幽默、妙语连珠。原本平淡的表达经过创造，立时会产生与众不同的神奇效果。

（三）大学生提高沟通能力的意义

1. 时代发展的必然要求

信息技术的发展改变了沟通的理念、方式和渠道。面对日益多元的职业发展路径，沟通能力已成为大学生最为核心的能力之一，也是我们与他人构建良好关系的基础。联合国教科文组织认为，学会共处是一项基本的要求。我们只有学会沟通才能学会共处、学会协调、学会思考，才能更好地融入社会发展潮流。

2. 职业发展的客观要求

随着产业升级、经济结构调整，沟通正变得更加复杂。大学生面对复杂多变的职业发展环境，需要具备良好的沟通艺术和沟通能力，通过有效的沟通获取更多的支持和帮助，实现全面、和谐发展。

3. 就业创业的必备能力

沟通能力水平已经成为衡量人才素质的核心标准之一，也成为大学生就业创业的关键要素。相关调查表明，沟通能力是用人单位最为重视的个人能力之一，已经成为大学生实现职业发展必须掌握的一项基本能力，所以，培养沟通能力有助于提升我们的就业创业能力，为职业发展奠定基础。

（四）大学生提高沟通能力的途径

沟通能力的培养与大学生的成长成才有着密切的关系。影响大学生沟通能力培养的因素是多样的，有宏观层面的，也有微观层面的。我们可以从以下几个方面提高沟通能力。

1. 树立主动沟通意识

在实际学习、工作中，我们要树立主动沟通交流的意识，积极参加活动，把提高沟通能力作为自我能力和素质培养的重要方面。要充分利用信息技术，拓展沟通交流的范围和内容，主动与他人保持常态化的接触和联系，不断拓展个人的交往空间和社交网络，实现自己与他人的自觉沟通。

2. 积极参与社会实践

能力的培养需要实践的锻炼和磨砺。我们要充分利用课余时间,参与各种校内外的实践活动,如社团活动、志愿者服务活动、假期社会实践等,获得丰富的社会体验,拓展自身的沟通空间,不断提高自身的沟通能力。

3. 掌握沟通技巧和语言艺术

良好的沟通离不开沟通技巧和语言艺术的运用。我们要提高沟通能力,就要充分借助信息技术和互联网平台,学习沟通技巧和语言艺术;在日常生活中发现学习对象,学习其沟通方式,分析其语言表达过程的逻辑,养成先想后说的表达习惯;学会倾听,学会换位思考,站在对方的角度传递信息。

随着时代的发展、信息技术的进步,沟通的内涵、方式都发生了深刻的变化,我们应树立主动沟通意识,利用一切机会,加强与老师、同学等的交流,不断提高沟通能力,为实现职业生涯目标奠定良好的基础。

活动与训练

沟通能力拓展训练

假设一架飞机坠落在荒岛上,只有6个人存活。逃生工具只有一个仅能容纳一人的橡皮气球吊篮,你必须竭尽全力说服其他人让你登上橡皮气球吊篮。

(1)随意挑选6名同学,进行角色分配。

孕妇:怀胎八月,即将孕育出小生命。

发明家:正在研究新能源汽车,这种汽车可以减少能源污染,保护生态环境。

宇航员:即将远征火星,寻找适合人类居住的新星球。

医学家:长年研究艾滋病的治疗方案,已经取得突破性的进展。

生态学家:负责热带雨林的抢救工作。

流浪汉:没有固定的职业。

(2)请6名同学在3分钟内写出自己大致的理由,理清自己的辩护思路。

(3)请6名同学分别陈述,具体内容如下:针对由谁乘坐吊篮先行离岛的问题各自陈述理由;复述并评价前几人的理由,再进一步陈述自己的理由;力图说服他人接受你的理由。

(4)全班同学根据6名同学的发言,投票决定先行离岛的人。

一. 学会时间管理

(一) 时间的概念和特性

1. 时间的概念

时间是物质运动的顺序性和持续性的表现,是一种特殊的资源。它是由过去、现在、将来构成的连绵不断的系统,是物质的运动、变化的持续性、顺序性的表现。

2. 时间的特性

(1) 无法开源。

时间的供给量是固定不变的,在任何情况下都不会增加,也不会减少,每天都是固定的24小时,所以我们无法开源,增加时间的供给。

(2) 无法节流。

无论我们愿意不愿意,我们都必须消费时间,所以我们无法节流,减少时间的使用。

(3) 不可取代。

任何一项活动的开展都有赖于时间的使用、消耗和堆砌,时间是任何活动都不可缺少的基本资源,是其他资源无法取代的。

(4) 不可再生。

时间无法失而复得,一旦丧失则永远丧失。

(5) 公平公正。

时间对每个人都是公平的,不可更改。

(二) 时间管理的内涵

时间管理起源于管理学,随后相继在心理学、教育学等领域得到了较大发展。简单来讲,时间管理是为了提高时间利用效能而对时间进行科学、合理的统筹、安排、计划与控制的活动。

大学生的时间管理是指大学生针对大学时光和大学生活进行的有目的、有意识的规划、控制、调整、反思等活动,其目的是有效地利用大学时间,实现成长成才。大学生的时间管理以

个体的职业发展为导向,以个体的自我管理为核心,以对具体时间的统筹安排为主要内容。

对时间的合理利用、巧妙安排及对时间潜力的充分挖掘都是时间管理的具体表现。从更深层的角度而言,我们应该理解,时间管理的核心是自我管理,其管理的不仅是时间,更是自我发展。因此,时间管理是个体最大限度地利用时间,追求个人梦想的方法。要真正理解时间管理的内涵,应注意以下两方面。

第一,进行时间管理的目的是追求效益。时间管理要实现效果与利益并重,将有限的时间投入与个人职业发展目标紧密相关的任务,以达到效率、效能、效益三者的平衡。效率是指在单位时间内完成更多的工作,或者以最小的代价获得最好的结果;效能是指目标和方向正确;效益是指结果符合自身的期待。

拓展阅读3-2:
时间管理助力
钻井工作提速
增效

第二,时间管理的作用是充分利用时间。时间管理并不是要完成所有的事情,而是要有效地利用时间。时间管理最重要的作用就是将计划、规划转变为切实活动,发挥自身的主观能动性,提高时间的利用率。

(三) 大学生时间管理的陷阱

从大学生时间管理的现状来看,我们虽然对时间管理的重要性高度认同,但容易掉入以下陷阱。

1. 缺乏时间管理意识和能力

有些同学能够认识到时间的宝贵,但是在学习和生活中,缺少积极的时间管理意识和时间管理的主动作为。时间管理是一种自我管理,其能力的获得需要我们持续实践。如果缺乏时间管理的意识和能力,对学习和生活的规划就会呈现出较大的阶段性、随意性。

2. 成长目标模糊

成长目标指引着我们发展的方向,是大学生持续发展的原动力。有些同学对大学全新的学习环境、生活环境还不太适应,存在茫然感,没有形成明确的成长目标,自然无法以此指导自己的时间管理活动。

3. 存在拖延现象

拖延可分为三类。一是简单的拖延。有些同学会有意做其他事情来代替做手头的工作。如去打一场球或看一场电影,而不是复习考试。二是欺骗性的拖延。有些同学故意让自己显得忙碌,找各种借口不去完成应做的工作,直到最后一分钟才匆匆完成工作,表面上看起来工作进展顺利,实际上却是一种欺骗。三是时间陷阱性的拖延。有些同学花大量时间做相对简单的任务,其结果是没有足够的时间完成相对困难的任务。而且,直到最后一分钟才完成该项任务时,其他的责任就被忽略了。

4. 缺少反思与总结

在时间管理过程中需要不断地反馈和调整。从时间管理过程的角度来看,反思包括前、中、后三个部分;从时间管理内容的角度来看,反思包括对目标、过程、效率等方面的反思。还有些同学在执行计划的过程中缺乏反思、总结和反馈,对计划是否适合自己、执行过程中存在哪些问题等缺乏思考,也就很难持续改进,制订更有针对性和时效性的发展计划。

5. 时间分配欠佳

大学学习和生活具有较大的灵活性、自主性和开放性。有些同学缺乏对自由时间的计划,让闲聊、游戏等活动大量占用自由时间,在平衡学习、生活和娱乐活动方面存在时间分配不合理、时间利用不充分等情况,对自己的学业、社会实践产生不良影响。

（四）时间管理的原则

要做好时间管理,就必须遵循时间管理的原则。

1. 80/20原则

根据80/20原则,工作和生活中,少数重要工作蕴含着大部分的价值,如果能够有效管理少数重要工作,便能实现工作效果的最大化。因此,时间管理要关注关键工作、关键任务和关键活动,把它们挑选出来,专心致志地去完成,把时间用在更有意义的事情上,要以20%的时间付出取得80%的成果。

2. 目标ABC原则

目标ABC原则就是将要做的事情根据重要性分为A、B、C三个等级:A为必须做的,B为应该做的,C为不值得做的。对A类事项必须集中精力和时间去做,对B类事项要设定计划,对C类事项要尽可能减少时间的分配。在实际工作过程中,可利用工作清单进行分类,依次完成。

3. 优先顺序原则

根据优先顺序原则,在同一时间有多个任务要完成的情况下,需要对任务进行取舍,要掌握好重要性和紧迫性两个原则,以"轻重"为横坐标,"缓急"为纵坐标建立时间管理坐标系,将时间管理分为四个象限:紧急重要、不紧急重要、不紧急不重要、紧急不重要(图3-3)。

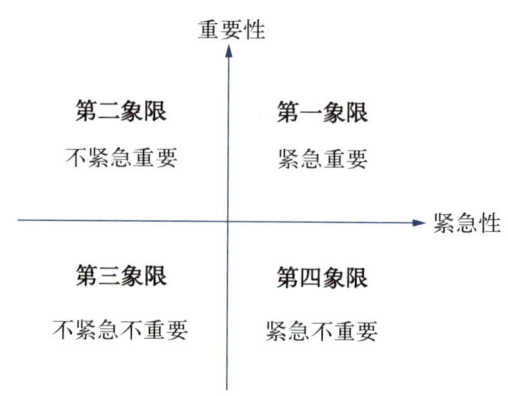

图3-3　时间管理"四象限"

　　紧急重要的事件是突发的重要事件,如紧急通知的重要会议、重要客人突然造访。这些事件是我们无法预料但必须重视的。对此类事件需要加以重视,优先处理。

　　不紧急重要的事件是涉及目标实现、关乎自身发展的事件,如重要考试、听课、听讲座、重要活动。这些事件是未雨绸缪但重要的。不重视此类事件,将使紧急重要的事件日益增多,使我们承受更大的压力。要做好事先的规划、准备,防患于未然。

　　不紧急不重要的事件是可做可不做的杂事,如闲逛、打游戏、看电视、闲聊。这些事是我们可能主动去做的、多余的,虽然有趣,但容易浪费时间。高效能人士总是避免陷入这类事务。

　　紧急不重要的事件是突发的不重要事件,如不速之客的拜访、同学的生日聚会、在车站等人、排队。这些事是我们被动去做的、无奈的。此类事件会让我们产生"这件事很重要"的错觉,但实际上它们就算重要,也是对别人而言的。对此类事件要进行分析、归纳,定期完成,不要让它们打乱你的节奏、降低你的效率。

二 学会压力管理

　　随着社会的快速发展,我们的职业发展充满动态性和可变性,职业发展机会的增多、求职择业压力的增大使我们的职业发展面临多重挑战。过度压力和长期压力必然会对我们的身心健康产生负面影响。所以,掌握压力管理的知识、方法和策略是十分必要的。

(一) 压力管理的内涵

　　压力最初为物理学概念,后被引入心理学领域。物理学中的压力具有客观性,心理学中的压力则具有主观性,是一种外界刺激引发的认知和行为体验。压力是个体的主观感受,也伴随着生理和心理上的反应。压力呈现出一种动态性,会随着事件或环境的变化而变化。

　　压力的大小是压力源事件的客观性和自我感觉的主观性共同决定的。在这两个因素中,起主导作用的是我们自我感觉的主观性。同样一个事件,对具有不同承受力的个体而言,产生的压力大小是不一样的。

　　压力管理是指针对不同的压力源和压力过程,通过正视压力,并采取科学有效的压力管理方法,制定行之有效的管理策略,提高个体的承受力,改变个体对待压力事件的态度的活动。

课堂活动

压力测试

表3-1中列举出了不同的压力来源。请根据你的实际情况为其一一评分。

表3-1 压力测试量表

压 力 来 源	没有压力（0分）	轻度压力（1分）	中度压力（2分）	重度压力（3分）
一、个人烦扰				
渴望感情（亲情、友情、爱情）却得不到				
认为自己脾气不好				
认为自己的成长发育状况不如人意				
和同学关系紧张				
认为自己外形不佳				
认为自己身体不好				
在和同学的比较中总落下风				
遭受他人的冷遇				
觉得宿舍太吵				
得不到想要的东西				
认为自己能力欠缺				
在人际交往中有困难				
家庭氛围不佳				
自卑				
居住条件不佳				
社会上的各种诱惑给自己造成了烦恼				
渴望爱情，但找不到恋人				
没有人可说知心话				
认为自己的独立生活能力欠缺				
家庭经济条件不佳				

续 表

压力来源	没有压力 （0分）	轻度压力 （1分）	中度压力 （2分）	重度压力 （3分）
二、学习困扰				
有些课程怎么学也学不好				
学习成绩总体上不理想				
和别人讨论问题时总是反应不过来				
有考试压力				
学习效率不高				
学习时注意力不集中				
觉得老师不喜欢自己				
记忆力不佳				
同学间的竞争很激烈				
考试排名不理想				
完成课业有困难				
考试繁多，不堪应付				
作业太多				
三、消极生活事件				
一门课程考试不及格				
两门及以上课程考试不及格				
失恋				
当众出丑				
生病				
被当众批评				

把各题目的得分相加，如果高于45分，你所承受的压力偏高，需要采取措施应对和调整；如果低于45分，你面临的压力正常。

（二）职场压力产生的原因

职场压力产生的原因有很多，主要有以下几个方面。

1. 职场工作

职场工作造成的压力包括工作属性，如工作环境、工作时间、工作量等因素造成的压力；工作角色定位，如职责定位、角色冲突等造成的压力；职业发展，如人事调整、组织变动等造成的压力。

2. 职场人际关系

职场人际关系适成的压力包括职场中的沟通交流问题，如上下级之间、同级之间沟通不畅造成的压力；与他人工作行为的差异，如与他人在工作习惯、工作模式等方面不同步造成的压力。

3. 家庭生活

家庭生活造成的压力包括家庭成员意外事件，如家庭成员生病造成的压力；家庭需求，如亲友之间攀比造成的压力。

4. 个人因素

存在自卑、自负、敏感、孤僻、冲动、敏感等性格问题；对自己缺乏客观、正确的认识，自视过高或过低，遇到挫折时难以正确对待；能力不足，不能有效处理各种事件，这些都是职场压力产生的重要个人因素。

王星：自强不息，追逐梦想

王星（图3-4）出生在安顺市关岭县坡贡镇坡头村。大学时，一场大病导致他两侧耳膜穿孔，一夜之间再也听不到任何声音，只能辍学在家。但王星没有自暴自弃。他凭着坚韧不屈、自强自立的信念，努力克服困难，靠勤劳的双手改变了人生之路，并力所能及地帮助和自己一样的残疾人改变命运。

在双耳失聪后，王星并没有被病魔击倒。2012年2月，他创建了关岭县聚

图3-4　王星在修剪枝条

星苗木种植园。没有钱，就自己动手，在荒山上育苗、种树；没有房子住，他搭棚为家，垒土为灶，艰苦创业。经过一年多的时间，王星逐渐把苗圃扩大了，也增加了人员，把苗木生意做得越来越好。王星说："我自身是残疾人，所以很清楚残疾人生活的不易。我想尽自己的努力，尽可能帮助更多的残疾人。"在相关部门的支持下，他再次扩大了自己的苗木基地，招收残疾人在自己的苗圃工作。

艰难方显勇毅，磨砺始得玉成。如今，王星已经在安顺市的关岭县城、顶云新区及六枝特区郎岱镇开设了三个门市，将业务扩大到园林绿化、市政工程、花卉苗木销售等领域，基地的总面积达到1 300多亩，年销售额能达到七八十万元。生意做大了，但他依然坚守着创业的初心，免费为残疾人和困难群众提供花卉苗木服务和技

术指导。2013年至今,王星共带动200多名困难残疾人就业,辐射带动当地300余户群众增收,用实际行动帮助更多的人走出了困境。2023年,王星被评为安顺市道德模范、"最美安顺人",他的精神激励着身边的人们不断前行。

（资料来源:高翔,"最美安顺人"王星:自强不息追逐梦想　扶残助残共织"幸福梦",新华网）

分析:

王星因一场大病双耳失聪,但他并没有被病魔击倒,而是以自强不息、乐观进取、顽强拼搏的精神创业,并激励身边的残疾人实现自尊、自信、自强、自立,实现了从"一个人"到"一群人"的蜕变。

(三) 职场压力的调节策略

进入职场后面对的压力往往是我们难以控制的,需要采取科学的策略进行调节。

1. 主动面对,客观评价

我们要意识到压力的客观存在,明确压力的来源,认识到压力在促进自身发展过程中的必要性,学会与压力共存。要正确认识自己、评价自己和悦纳自己,形成精准的自我认知,树立正确的奋斗目标,既不好高骛远,又不妄自菲薄。

2. 调整心态,转变观念

压力有消极的一面,也有积极的一面。随着社会转型、技术进步,我们在职业发展中会遇到各种各样的问题,面临多重叠加的压力。我们要适应快速变化的职场环境,应对激烈的职场竞争,不断调整自我心态,转变自我观念,以乐观积极的态度理解、接纳职场中的各种压力。

3. 拓展资源,优化环境

和谐的人际关系和广泛的社会资源有助于缓解职场压力,工作中的积极沟通、相互帮助都有利于建立和谐的人际关系和工作氛围。而信息技术的发展为人际关系的拓展提供了更加便捷的平台,我们可以通过互联网平台拓展自身的交际圈、朋友圈,为自身提供更多社会支持,以此抵消职场压力所带来的消极影响,建构良好的心态。

4. 积极锻炼,提高能力

大量研究表明,运动能够帮助释放和缓解工作中的各种压力,是调节自身心理状态的有效途径。运动一方面可以提升自我身体素质,锻炼自我意志,增强抗压能力;另一方面可以让我们远离职场环境,营造和谐的身体状态。

活动与训练

时 间 馅 饼

假如我们把一天的时间当成一块馅饼，这块馅饼包含了读书、学习、睡眠、社团活动、与朋友聊天、休闲娱乐、用餐、独处等各项活动所花费的时间。

（1）馅饼中的24格代表一天的24小时。请根据你一天的活动状况，将各类活动所花费的时间按照比例在图3-5中标出。

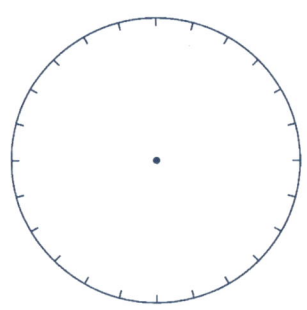

图3-5 目前的时间馅饼

（2）思考以下问题。

① 你对自己目前利用时间的状况满意吗？

② 审视你的时间馅饼，算出你消费时间、浪费时间、存储时间的比例。你应该怎样利用时间？

③ 哪些事情消耗了太多时间而没有创造出任何价值？

④ 你觉得花更多的时间去做什么事情是有意义的？

⑤ 你希望减少做哪些事的时间？

（3）画一个你理想中的时间馅饼（图3-6），并思考以下问题。

① 你理想中的时间利用情况与现实情况有哪些不同？

② 你将采取哪些行动改变你目前的时间利用情况？

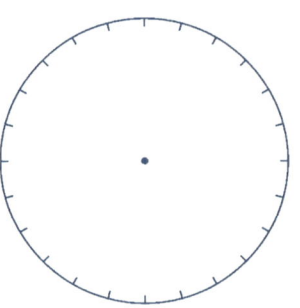

图3-6 理想的时间馅饼

职业发展
——打好人生"前三板"

任务一	主动适应职场
任务二	促进职业发展
任务三	保护就业权益

　　毕业生离开校园后,便走上工作岗位,开始了自食其力、担当社会责任的生活。从学生转变为职业人,是人生旅途上的一大飞跃。面对全新的岗位与环境,能否较快地适应并完成角色转换,对于职业发展的成功与否至关重要。

　　在正式走入职业生涯之前,我们应当完成三个重要任务,即认知角色、适应角色、适应职场,在此基础上,我们要掌握职业发展规律,科学规划职业生涯,准确选择职业发展路径,从而实现人生价值。无论是在择业、就业还是创业中,我们都可能会遇到意想不到的困惑和困难。因此,我们也要学会利用法律手段,保护自己的合法权益。

学习指南

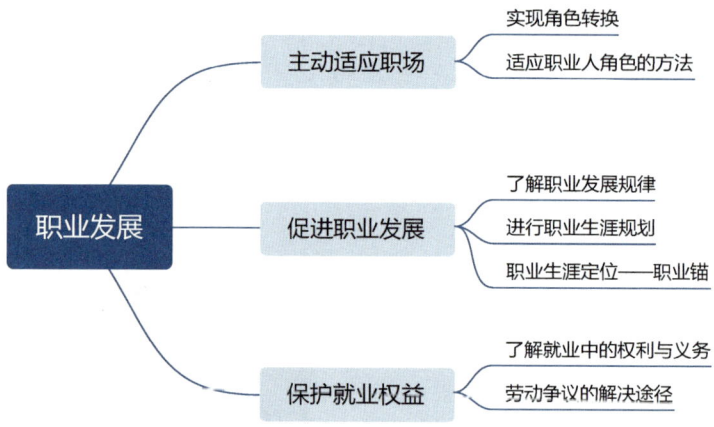

一　实现角色转换

（一）认识社会角色与职业角色

1. 认识社会角色

每个人在社会中都占有一定的位置，人们对占据特定位置的人的行为有所期待。占有一定的位置，就享有该位置赋予的权利，承担该位置要求承担的义务。社会地位相应的权利和义务在生活中由个人的行为体现出来，就产生了角色。地位是角色的内在根据，角色是地位的外在表现形式。

（1）社会角色的特征。

① 规范性。社会角色是指导人们行动的以权利、义务为内容的行为规范和行为模式。角色规范按其表现形式分为权利性规范、义务性规范和禁止性规范。如，一个商人有出售与不出售自己商品的权利，但不能缺斤短两或出售假货。

② 期待性。人们会对扮演特定角色的人提出相应的要求或寄托特定的期待。如，人们对消防员这一角色的要求和期待是，当火灾发生时必须不顾个人安危，奋力抢险救灾，保护国家、集体或个人财产，而不能像一般群众那样赶快撤离火场，否则将构成失职。

③ 发展性。角色的行为规范随着个人所处的特定环境的变化和社会生活的发展而不断更新、发展。如，孩子在不能独立生活时依附于父母；一旦长大成人，就要独立生活。

④ 基础性。社会角色不是孤立存在的，而是彼此间存在不同的社会关系。正是这种纷繁复杂的社会关系构成了社会群体和社会组织。比如，校长、教师、学生等角色构成了学校。

（2）社会角色的扮演。

当个体获得某种社会地位并按照对这一社会地位的要求和期待去行事时，他就开始了对这一社会角色的扮演。

社会角色扮演的前提是形成角色意识，即认知角色。角色意识是扮演角色的个体对自己的地位、作用、形象的理解与掌握的自觉性、准确性和倾向性的总体反映，包括角色地位意识、角色作用意识和角色形象意识。衡量角色意识是否确立，一看角色意识是否明确，即是否清晰地理解与掌握了角色权利、义务的要求；二看角色意识是否坚定，即能否自觉地坚持角色标准、履行角色义务；三看角色意识是否优良，即能否按照社会规定理解和执行角色要求。

形成角色意识之后,个体就进入了角色扮演过程。在此过程中可能出现两种情况:一是个体进入角色,扮演成功;二是个体未能进入角色而产生角色距离,扮演失败。进入角色要求角色扮演者完全将自己融入角色,积极地投入该角色,表现出扮演这一角色必需的品质与才能,并获得认可。角色距离是指一个人的实际地位、身份、能力及其他条件与他所扮演的角色之间存在的差距,表现为不能胜任角色、未能承担合适的角色及选择了不适当的角色。比如,一名士兵不能严守军纪,一个适合担任主管的人被提拔为部门经理,一个擅长技术钻研的人被调到管理岗位上做领导。我们要明确自己的地位、身份和能力,选好适合自己的角色,"对号入座"。

2. 认识职业角色

工作是个体在一定社会分工下所从事的活动和任务。个人从事这些活动、完成这些任务,需要被赋予某种角色。职业角色是人们在一定的工作单位和职业活动中所扮演的角色,是社会和职业规范对从事相应职业活动的人所形成的一种期望行为模式。

如果把社会看作人生的舞台,社会角色是个体在社会活动中所扮演的角色,而职业角色只是个体在职业生涯中所扮演的角色。从广义上看,职业角色是社会角色的一种类型。

职业角色除具有社会角色的一般特征外,还具有以下特征。

(1)专门性:与社会角色相比,职业角色相对单一。

(2)营利性:个体要通过工作获得经济收入,维持生计,这是工作对个体而言最基本的功能。

(3)合法性:非法职业背离社会主流观念的期待,无论在法律还是道德上都是不被允许的。

 **案例4-1**

唐笑宇:争做最好的炼钢工

河钢集团邯钢公司邯宝炼钢厂的转炉车间里,天车吊着巨型钢包隆隆划过,转炉中炉火通红,钢水翻涌。唐笑宇(图4-1)手持对讲机,顶着热浪叮嘱同事控制好转炉中间氧、出钢温度等指标。

唐笑宇是邯宝炼钢厂特档技术主管、转炉车间副主任。2008年从北京科技大学冶金工程专业毕业后,他一直扎根生产一线,推进科技创新。从普通上料工到转炉炉长,从炼钢技术带头人到站上世界炼钢赛事最高领奖台,唐笑宇始终不忘自己的"雄心"——做全厂最好的炼钢工。

邯宝炼钢厂转炉车间装备先进,自动化程度高。从走进车间的那一天开始,唐笑宇就满怀兴奋和期待,坚信自己能干出一番成绩。每天和工友们一起在炉台上摸爬滚打,见缝插针向老师傅们虚心求教,下班后用心总结经验……凭着爱学习、肯钻研的劲头,唐笑宇仅用2年时间就从一名上料工成长为全厂最年轻的炼钢工和转炉炉长。"既然选择了钢铁行业,我就要成为这一行的精英。"唐笑宇这样自勉。

当炉长的第一年,他带领班组从工艺操作、质量提升等方面展开攻关。当时,厂里技术人员认为,200吨以上的大型转炉使用"留渣法"冶炼可能导致钢水喷溅,造成生产事故。当唐笑宇提出要用"留渣法"冶炼时,质疑声不断。打破质疑,要靠事实说话。

图4-1　唐笑宇在转炉车间里

唐笑宇查阅大量资料,请教专家,每天记录、分析生产数据,最终通过调整加料时机、枪位等,摸索出了260吨转炉的留渣冶炼方法,打破了转炉冶炼的脱磷瓶颈,带动班组指标全面提升。凭借工艺创新和精益求精的操作,唐笑宇还创下了连续10个月钢水成分不超内控的纪录。

要成为最好的炼钢工,就要持续不断探索技术创新。为降低生产成本,2013年,唐笑宇在"留渣法"冶炼基础上,推行"少渣冶炼"新工艺。这一新工艺具有挑战性,但能带来更大经济效益。唐笑宇和同事们大胆创新,终于将260吨转炉工序灰耗降到吨钢15千克。仅石灰消耗一项,每月就可节约生产成本300多万元。他还探索出一种颠覆性的溅渣护炉方法"高温、高氧炉渣溅渣操作法",既维护了转炉炉况,又明显降低了成本。

唐笑宇始终没有停下探索创新的脚步。钢水终点氧含量是影响钢水纯净度的重要因素。从理论上讲,降氧会导致钢水中的磷等成分超标,不降氧则很难提高纯净度。"技术创新就要实现'鱼'和'熊掌'兼得。"面对汽车板钢材对强度、韧性等性能要求的不断提升,唐笑宇和攻关团队历经2年时间,终于将汽车板钢水终点氧含量降低超40%,提高了钢水纯净度,技术处于国内先进水平。

在第12届世界模拟炼钢挑战赛总决赛上,唐笑宇从50多个国家的1515名选手中脱颖而出,夺得职业组冠军,为我国钢铁工人争得了荣誉。这些年,他先后获得全国优秀共产党员、全国劳动模范、"河北工匠"等荣誉。他相信,要成长为新时代的优秀钢铁青年,就要淬炼过硬本领,以钢铁报国之志扛起建设钢铁强国的重任。

分析:

唐笑宇选择进入钢铁行业,便下定决心要成为最优秀的炼钢工。为了成长为行业精英,他奋勇担当,积极淬炼技术、创新技术方案,不但实现了个人的高度成长,也为企业、为国家争得了荣誉。

思考与讨论

想象一下,你未来的职业角色是什么样的?

(二) 学生与职业人的角色差异

大学生毕业踏入社会后,扮演的角色由学生变成了职业人。学生与职业人是在权利、社会责任、行为模式、所处环境和人际关系上具有明显差异的角色。认清学生与职业人角色的差异,是我们顺利实现角色转换的前提。

1. 享受的权利不同

学生角色的权利主要是依法接受教育,获得经济生活上的保证或资助。职业人角色的权利则是依法行使职责或职权开展工作,在履行义务的同时取得相应的报酬。

2. 承担的社会责任不同

学生角色的社会责任是努力学习,掌握生存、发展的本领,在德智体美劳等方面获得发展,整个角色扮演过程是一个接受教育、储备知识、培养和锻炼能力的过程。职业人角色的社会责任是以特定的身份履行职责,努力做好本职工作,为社会做出贡献。

3. 行为模式不同

学生角色的行为模式是努力学习文化知识,尊敬老师,团结同学,遵守纪律,进行能力培养。职业人角色的行为模式是以特定的身份履行自身的职责,还要扮演"持家者"的角色。

4. 所处的环境不同

校园环境中,时间安排有弹性,不是每天都上课;行动路线较短且固定,基本是教室、食堂和宿舍"三点一线";有寒暑假,节假日较多;问题有正确答案,经常有反馈;同学间的竞争取决于分数,奖励以客观性标准为基础。职场环境中有固定的时间安排;行动路线较长且不确定;上班不能缺勤,工作纪律严格;节假日较少,还有可能加班;问题很少有正确答案,不经常有反馈;同事间的竞争取决于业绩,奖励以个人判断为基础。

5. 人际关系不同

在学校,老师对学生以传授知识、技能为主,基本上会公平地对待学生,能教尽教,有问必答,鼓励讨论,作业的完成时间与要求明确。同学之间的关系亲密而单纯,少有直接利益关系,即使偶尔有冲突,事后也很少留下隔阂。在职场上,领导与下属是上下级关系,对下属的要求通常是执行而不是讨论,给予其完成分派任务的时间也较短,以结果评价下属的业绩好坏,往往不问过程。同事之间的关系是工作关系,彼此客气,遇到直接利益冲突时往往各不相让,提出意见却很委婉。

（三）从学生向职业人角色转换的关键

做好从学生到职业人的角色转换是职业生涯发展的关键。这种角色转换重点表现在四个方面（图4-2）。

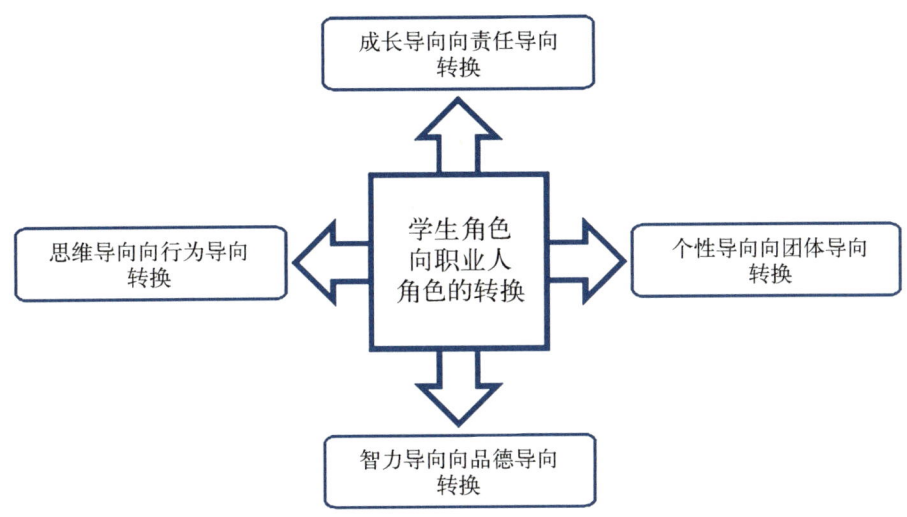

图4-2　学生角色向职业人角色的转换

1. 成长导向向责任导向转换

学校教育主要以成长为导向。在成长导向之下，从家庭到学校的一切活动都围绕着学生的健康成长展开，各种资源都围绕着学生的成长成才配置。学生享受着家庭的供养、学校的教育和社会公共福利，除了学习，很少承担责任。

从学生变为职业人后，个人的人生导向从成长导向责任导向转变。个人通过履行职业责任，实现自食其力，为开创生涯事业、实现人生价值创造条件；为了养育子女和赡养老人，必须承担起家庭责任，履行相应的家庭义务；还应履行公民的法定责任和道德义务。

2. 思维导向向行为导向转换

学生的学习活动以思维导向为主，一时的认识或理解错误一般不会造成严重或危害性后果。

职业人的职业活动以行为导向为主。有了行为就会有相应的后果。为了避免出现不良后果，职业行为不能出错，出错意味着将造成实际损失。

3. 个性导向向团体导向转换

为了培养学生自主学习、创新性学习的能力，充分释放学生的活力，学校重视学生的个性发展，通过组织开展多种形式的活动，鼓励学生主动发展个性。

到了工作岗位上，个性展示退居次要位置，团队精神成为职业人的必备素质。任何职业活动的进行都离不开他人的协同，需要每个人发挥各自的潜力，精诚合作。具有团队精神，融入团队，明确自己在团队中的位置，善于与其他成员合作，是成功的职业人的重要特征。

4. 智力导向向品德导向转换

学生时代虽然强调德智体美劳全面发展,但考试成绩是衡量学习成效、决定能否升学的主要标准。

进入职场后,岗位职责是规范化的,工作效果取决于个人的努力程度,更取决于个人的品行操守。职业人应遵循的职业基本准则是忠诚,要竭尽全力、言行一致、表里如一地做好本职工作,对党、国家和所在单位诚信、尽职和服从。

(四)学生向职业人角色转换中的障碍

由于受到自身认知能力、人格、情绪、情感等主观因素,以及家庭、社会等客观因素的影响,我们在从学生角色到职业人角色的转换过程中,容易遇到角色障碍。

1. 依恋学生角色

经过十几年的学校学习生涯,我们对自己的学生角色体验非常深刻,"三点一线"的学生生活使得我们在学习、生活、思维方式及人际交往上都养成了相对固定的习惯。走上工作岗位后,许多同学常常自觉或不自觉地以学生角色来对待工作、待人接物,这就是所谓的"学生气"。

2. 对新环境恐惧与畏缩

出于对新环境、新角色的不熟悉,有些同学初入职场时会有一种莫名的恐惧和畏缩,表现为无所适从,不知道工作应当如何入手,不知道如何与领导和同事打交道,在工作中缩手缩脚,怕闹笑话,显示不出自己的才华。

3. 焦虑

职业环境与单纯而有保障的校园环境大不相同,许多同学不了解真实的职业环境,一旦进入职场,便会感到原本的浪漫、美好幻想和现实有差异。还有些同学进入职场后,担心自己无法应对工作任务,处不好职场中的人际关系。这些都会让他们在角色转换中感到焦虑。

4. 自傲

一些同学对人才的理解存在偏差,认为自己接受了高等教育,在知识和技能方面必然优于其他同事,存在不恰当的优越感。还有些同学对琐碎的基层工作不放在眼里,眼高手低,轻视实践。

5. 浮躁

有些同学在进入职场后,无法沉下心来体会自己的工作实践,当觉得工作不像自己想象中那样如意,便不多加了解,直接选择跳槽,甚至快速、频繁跳槽。

 思考与讨论

如何在进入职场后消除自己的"学生气",及时转变为一名合格的职业人?请同学们谈谈自己的想法。

二 适应职业人角色的方法

大学毕业后走上工作岗位的第一步非常重要。怎样尽快适应职业角色,迈好职业生涯发展的第一步呢?

(一) 尽快熟悉工作环境

了解工作环境和掌握工作单位的有关信息能让我们尽快适应职业角色,掌握工作的主动权。

微课 4-1:
顺利实现角色
转换

1. 了解工作单位的基本情况

我们应仔细了解工作单位的发展历程、性质、规模、经营方式、发展现状(产品或服务结构)、领导结构、管理模式、规章制度、工资福利待遇等。

2. 了解企业文化

企业文化是指在一定社会历史环境下,企业及其成员在长期生产经营活动中形成的文化观念和文化形式的总和。了解企业文化,有利于我们迅速理解企业的精神和宗旨,使自己的行为符合企业的总体目标,适应企业发展的步伐,迅速融入集体。

(二) 尽快适应职业岗位

1. 形成职业归属感

进入工作单位后,我们要对自己所从事的职业产生高度认同,认识到自己从此以后的主要任务就是在这一职业岗位上为社会创造物质财富和精神财富,贡献自己的聪明才智。

2. 树立主人翁意识

刚到单位的年轻人容易把自己看作客人,这种心态不利于自己的成长。要把自己当成主人,把自己的前途和单位的命运联系起来,在工作中要更主动、更有责任心,才能得到更多锻炼,潜力也才能得到发挥。

3. 调整生活节奏

调整好生活节奏,有利于尽快适应工作环境和保障自己的身心健康。一要适应工作时间、劳动强度及紧张程度,改变以往的习惯;二要处理好工作与生活的关系,分清轻重缓急,做到有张有弛。

4. 从平凡工作做起

年轻人刚参加工作,能力还未体现,潜能还未发挥,不可能马上担任重要工作,领导往往会先为我们安排一些基础性工作。这绝不是不重视我们,而是对我们是否具有敬业、认真、细致、耐心等品质的考验,要学会服从,遵守角色规范。

5. 培养进取的工作作风

勤奋踏实、吃苦耐劳、谦虚认真、严谨求实、开拓进取、雷厉风行、严守秘密、服从安排等优良的工作作风,是我们应当学习的。在预定的时间内完成工作任务,在工作时间内避免闲聊,各类物品摆放有序,工作有计划、办事有条理,工作效率就会提高很多。

（三）尽快明确自己的工作职责

我们在熟悉工作环境、适应职业岗位的过程中，要尽快熟悉自己的工作内容，主要包括本岗位的任务和责任、本岗位处理事务的工作权限、本岗位处理事务的程序、本岗位工作需要的基本技能、本岗位的主管部门和主管人员、本岗位在整个工作过程中的地位和作用、单位的发展计划。

（四）建立和谐的人际关系

在职场中建立健康和谐的人际关系，是我们塑造良好个人形象、做好工作的基础。

1. 正确处理与领导的关系

工作中的一个重要课题就是在与领导的交往中学会如何进步。与不同领导风格的领导相处需要注意方法与态度，可以根据自己的实际情况及所处的环境来确定。总体上要把握以下几个一般性原则：遵守工作规则，主动配合领导工作，讲究办事效率，讲究处理矛盾、冲突的艺术。

2. 正确处理与同事的关系

在所有人际关系中，同事关系也许是最重要，也最难处理的一种关系。建立良好的同事关系，应从以下几个方面努力：少说多做，树立良好的第一印象；真诚相待，友好相处；严于律己，宽以待人；热情合作，避免冲突；掌握与人交往的技巧。

熟悉了工作环境，适应了职业岗位，明确了工作职责，建立了和谐的人际关系，我们就基本能够适应职业人角色了。

拓展链接 ▶ **在校期间如何做好适应职业人角色的准备**

为了使自己毕业后能够顺利实现从学生到职业人的角色转换，尽快适应职业人角色，我们在校期间应该进行以下准备工作。

1. 自觉接受职业角色教育

职业角色教育是学校和社会开展的，帮助我们强化角色意识、明确角色期待、确定角色规范、重视角色建设、摆脱角色紧张与冲突、尽快适应角色变化与新角色的要求的教育。学校会通过开设"职业生涯规划""就业与创业指导"等课程及日常班会、讲座等形式对我们进行职业角色教育，强化我们的职业意识。我们在校期间要积极参加职业角色教育，培养自食其力的劳动者意识，回报家庭、国家和社会的财富创造者意识和独立思考、处事的自主意识。

2. 正确认识自己、社会和职业

在角色转变的过程中，我们要克服依恋学生角色的心理，明白学校只是我们人生旅途中的"加油站"而非全部，学业届满之后，我们必须离开学校这个"心理舒适区"，迈向社会这片新天地。我们要对自己、社会和职业有正确的评价，要辩证地评价自我，客观地看待自己的优势与劣势，正确地认识社会、认识职业。我们

要认识到,只有深入社会、踏实工作、勇于实践,一切复杂问题才会迎刃而解,从而很快适应工作、适应社会。

3. 提前适应职业人角色

我们在日常学习与生活中应加强有针对性的训练,有意识地培养自己的团队意识、处理事务和人际交往的能力。要珍视岗位实习等各种实践机会,有意识地感受自己将要承担的职业人角色,为角色转换做好铺垫。

活动与训练

职场观察与调研

(1)全班同学分成若干个小组。选择一个双休日,到酒店、超市走走,观察酒店和超市的人群,留意服务员与部门领导、销售员与顾客、销售员与销售员、销售员与收银员、销售员与部门领导之间的关系,比较他们之间的关系与校园里同学之间、师生之间关系的差别。

(2)根据在酒店、超市观察到的情况,每个小组编排一个模拟职场事件的情景剧,教师在团队协作等方面提出评价标准。各小组分别表演,感悟、体验自己与职业人的差距。教师点评各组表演情况,指出成功职业人的处事方式。

(3)各小组讨论学生角色与职业人角色的区别,剖析自己的就业心理现状,提出自己由学生角色转换为职业人角色的举措。

一、了解职业发展规律

（一）职业发展的内涵

职业发展是致力于个人职业道路的探索,不断取得成就的终身的职业活动。在职业生涯中,个体会受到个性、体能、性格、经历、家庭状况、团队关系、资金资源、受教育水平及机遇等方面的影响。这些内部因素和外部因素结合起来,共同影响人们的职业发展。

职业发展在个人的生涯中占据了最重要的地位,是生涯发展的重点。良好的职业发展的标志有二:一是有较强的职业适应能力,即既能适应现任的职位,又能很快适应职位的变化;二是有较高的职业满意度,即感受到工作过程和结果及有关方面(工作环境、工作状态、工作方式、工作压力、挑战性、工作中的人际关系等)带来的乐趣。

晓婷的职业目标

晓婷从国际经济与贸易专业毕业后进入一家知名快速消费品公司做管理培训生,成为众多同学美慕的对象。在向学弟学妹们介绍经验时,晓婷非常坦诚地说,自己一没有社会关系,二没有超常的智力,三没有非凡的能力,能应聘成功,靠的是认清自我,早定目标,坚定信念,不断努力。

晓婷刚入学的时候就参加了学校就业指导中心组织的职业生涯规划训练活动,通过这项活动对自己的情况进行了一次彻底的梳理。之后,经过深入的思考和实践,她基本确定了进入快速消费品公司做管理培训生的职业目标。

在职业目标确定后,她对这个职业目标进行了认真仔细的研究,确定了增强语言表达能力、团队合作能力,提升专业技能,积累企业实习经验等自己在校期间的努力方向。接着,她给自己制订了一份非常详细的行动计划,包括进行口语练习、拓展人际关系、参与实习等。在计划的指引下,晓婷努力提升自己,终于在毕业的时候顺利地进入了心仪的企业,获得了心仪的职位。

分析:

毕业生能否顺利就业,与自己所选择的职业目标及大学阶段的努力程度密切相关。如果晓婷没有在大一的时候就开始考虑未来的职业方向,没有根据职业目标的要求提升自己,未必能如愿获得自己想要的职位。我们一定要尽早确定自己的职业目标,对职业生涯进行科学、系统的规划,充分发挥目标的导向作用,并不断朝着自己的方向努力,这样才能实现顺利就业、理想就业。

(二)职业发展理论

学者对职业发展过程展开了一系列研究,提出了具有影响力的职业发展理论。

1. 舒伯的职业发展理论

舒伯是美国职业管理学家,他将人的职业发展划分为五个阶段。

(1)成长阶段。

从出生到14岁为成长阶段。该阶段属于认知阶段。个体开始发展自我概念,经历了从好奇、幻想到感兴趣再到有意识地培养职业能力的过程。这个阶段职业发展的任务是发展自我形象、树立对工作世界的正确态度,并了解工作的意义。

这个阶段可细分为三个时期。

一是幻想期(10岁之前)。个体以需要为主要考虑因素,从外界感知到很多职业,对自己喜欢和觉得好玩的职业充满幻想,经常扮演、模仿。

二是兴趣期(11—12岁)。个体以喜好为主要考虑因素,能理解与评价职业的优劣,开始做出职业选择。

三是能力期(13—14岁)。个体以能力为主要因素,考虑自身的条件是否与自己喜爱的职业相符,开始有意识地进行能力培养。

(2)探索阶段。

15—24岁为探索阶段。该阶段属于打基础阶段。个体通过学校活动、社团活动、打零工等机会,对自我能力、角色与职业进行探索,择业有较大弹性。这个阶段职业发展的任务是使职业偏好逐渐具体化、特定化,并实现职业偏好。

这个阶段可细分为三个时期。

一是试探期(15—17岁)。个体综合考虑自己的需要、兴趣、能力及机会,做出暂时的决定,并在幻想、讨论、学业及实践中加以尝试。

二是过渡期(18—21岁)。个体进入就业市场或接受专门职业培训,更重视现实,并力图实现自我观念,将一般性的选择转为特定的选择。

三是试验并稍做承诺期(22—24岁)。职业生涯初步确定,个体开始从事某种职业并试验将其作为长期职业生活的可能性。

（3）建立阶段。

25—44岁为建立阶段。该阶段属于创业阶段。经过上一阶段的尝试，个体这时能确定在整个职业生涯中属于自己的位置，并考虑如何保住这个位置。这个阶段职业发展的任务是统整、稳固并追求上进。

这个阶段可细分为两个时期。

一是试验-承诺稳定期（25—30岁）。个体满意初选职业，安定下来，或对初选职业不满意，选择变换职业。

二是稳定期（31—44岁）。个体确定最终职业，致力于工作的稳固。大部分人由于资深，往往业绩优良，处于最具创意的时期。

（4）维持阶段。

45—64岁为维持阶段。该阶段属于升迁和专精阶段。个体一般达到了功成名就的程度，不再考虑变换职业，面对新的人员的挑战，力求继续维持属于他的工作位置。这一阶段职业发展的任务是维持既有成就与地位。

（5）衰退阶段。

65岁以上为衰退阶段。由于生理及心理机能日渐衰退，个体从积极参与职业活动到逐渐隐退，终于结束职业生涯。这一阶段个体往往注重发展新的角色，寻求以不同方式替代和满足需求。

这个阶段可细分为两个时期。

一是减退期（65—70岁）。工作效率变慢，工作责任发生改变。

二是退休期（71岁至死亡）。人们彻底退出职业生涯，适应退休生活。

2. 格林豪斯的职业发展理论

美国心理学家格林豪斯的研究侧重于不同年龄段所面临的主要任务，并以此为依据将职业生涯划分为五个阶段。

（1）职业准备阶段。

0—17岁为职业准备阶段。主要任务是发展职业想象力，对职业进行评估和选择，接受必需的职业教育。

（2）进入组织阶段。

18—24岁为进入组织阶段。主要任务是在一个理想的组织中获得一份工作，在获取足量信息的基础上，尽量选择一种合适的、较为满意的职业。

（3）职业生涯初期。

25—39岁为职业生涯初期，是为未来的职业成功做好准备的阶段。主要任务是学习职业技术，提高工作能力；了解和学习组织纪律和规范，逐步适应工作，适应和融入组织。

（4）职业生涯中期。

40—54岁是职业生涯中期阶段。主要任务是对职业生涯初期进行重新评估，强化或改变自己的职业理想；选定职业，努力工作，有所成就。

（5）职业生涯后期。

55岁直至退休是职业生涯后期阶段。主要任务是继续保持已有职业成就，维护尊严,直至引退。

职业发展规律告诉我们,每个年龄段都有职业发展的重心,职业发展的每个阶段都有每个阶段的特点,也都有不同的要求和相应的任务。把握职业发展规律,明白在什么阶段该做什么事情,有利于增强职业生涯规划的针对性,在职业生涯的每个阶段都走得稳妥,从而拥有满意的职业生涯。

(三) 职业发展路径

职业发展路径大致可分为四种。

1. 向内发展的专业技术发展路径

这种职业发展路径也称岗位成才职业发展路径,指在组织内部沿着专业路线向上发展的路径(图4-3)。其做法是立足一个职业岗位,慢慢积累经验,不断提升业务水平,最终一步步成为资深专家。各行各业的工作都有自己的技术含量,不论从事哪一行,只要热爱本职工作,在平凡的岗位上也照样能干出业绩,成为行家里手。

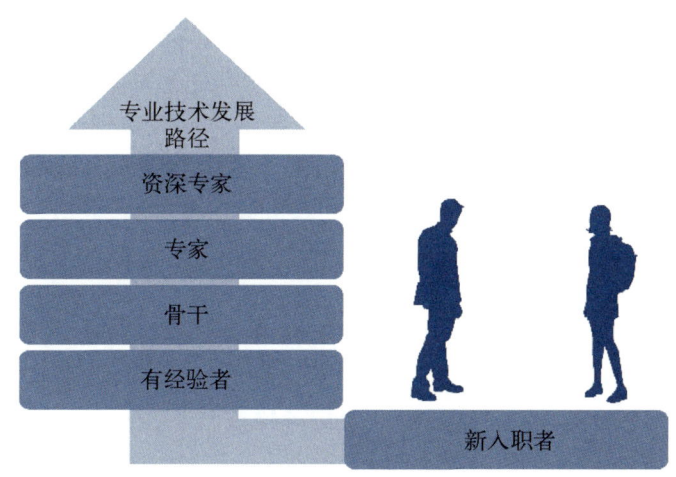

图4-3　专业技术发展路径

向内发展的专业技术发展路径是多数人的选择。受各种因素的制约,一个人想在多个领域同时发展并取得成就比较困难,立足于自己的专业和现有岗位建功立业相对容易。我们要沉下心来,全力以赴,肯学、肯干、肯钻研,练就一身真本领,在工作中展现风采、感受快乐。

吴娜:当好上海"守门人"

一身英姿飒爽的旅检制服,柔声细语地回应旅客的诉求,她是十余年来坚持在安检一线奋斗的"老兵",是全国劳模,党的十九大、党的二十大代表,在平凡的岗位

图4-4　吴娜在安检传送带旁

上做出了不平凡的成绩……她就是吴娜（图4-4），现任上海虹桥机场安检护卫保障部旅检一科党支部书记。

2006年，18岁的吴娜还在上海民航职业技术学院念书，对"制服"痴迷的她选择到虹桥机场安检的劳模集体"安捷组"实习，对旅客安检这一岗位的严肃性和辛苦有了切身的了解。"我们的岗位与民航安全息息相关，所以工作时始终要保持神经紧张。"吴娜举例说，比如"人身检查"岗，每检查一位旅客，安检员就要弯腰、起身2次，高峰日一个班头下来，这样的动作要重复2 000次以上。

吴娜2007年6月从学校毕业后，正式加入了"安捷组"。细心的她在平凡的岗位上和枯燥的日常工作中发明了不少新工作方法。比如"登机牌折叠法"。吴娜发现，在"验证"岗位上，安检员的双手经常被验讫章的油墨污染，很难搓掉或洗掉，旅客的双手、身份证甚至衣物也可能被未干的油墨弄脏。吴娜说："后来我发现，登机牌有一道折缝，方便后续航空公司员工在旅客登机时撕下登机牌的一部分。我就想，如果把验讫章盖在这条缝的位置，然后把登机牌沿着这条缝对折一下，把身份证盖在折过的登机牌上，一并交还给旅客，油墨就能被藏起来。"如今，"登机牌折叠法"早已被推广到虹桥机场所有安检通道。

年轻的吴娜在岗位上飞快成长，制服上的肩章由实习时的"一条杠"、正式工作后的"两条杠"变成了2010年的"三条杠"，那时她已成为"安捷组"的领头人。她带领团队建立了指标量化、规范明确的岗位操作标准，如"验证"岗位以验证手势引导，即通过90度举手示意并配以语言提示，示意后续待检旅客过检；"前传"岗位操作时要正确摆放行李物品，将其逐个平放，间隔5～15 cm；"开机"岗位坐姿要求上体保持正直，双脚平放于地面，以规范动作、文明用语展现安检员的专业形象。

"多用眼看一下、多用心想一点，就能给枯燥的工作带来互动的快乐，还能给旅客增添些许旅途中的惊喜。"这是吴娜常说的一句话。为此，她还首创了"姓氏称谓法""生日祝福法"。"这其实并不难，人人都喜欢被尊重、被关注、被祝福，我们看旅客的身份证、登机牌，就能知道旅客的姓氏，这时候用'某先生''某女士'代替'先生/女士''这位旅客'这样的泛称，旅客往往会很开心。如果看到这天刚好是旅客的生日，就诚挚地送上一句'生日快乐'，旅客会很感动，也会因心情愉悦而变得更加配合。"举措虽小，用心至诚。吴娜首创的这些服务法同样已在虹桥机场得到推广。

2013年4月，吴娜"安捷组"劳模创新工作室正式授牌成立。2017年4月，虹桥安检首条以吴娜名字命名的品牌示范通道"吴娜通道"成立。2021年12月，虹桥机场有4条安检通道试行"智能通道"，吴娜再次带领团队群策群力，贡献了安检一线员工的智慧……2022年，吴娜当选党的二十大代表。"我时刻牢记肩上的担子，将认真履职尽责！"这是她对自己在工作中的深切期许。

分析：

吴娜在校时便通过岗位实习了解了机场旅客安检这一岗位的工作内容与工作要求。进入"安捷组"后，吴娜立足本职岗位，兢兢业业工作，不断积累工作经验，并在此基础上进行工作方法创新，最终成长为备受赞誉的资深从业人员。

2. 向上发展的晋升管理发展路径

这种职业发展路径是在组织内部沿着管理层路线向上发展的路径（图4-5）。根据工作需要，组织对其员工的岗位或职位进行由低级别向高级别的调整变动，这就是员工的晋升。员工晋升可分为在本部门内的岗位变动和在组织内部各部门之间的流动。从员工晋升的实际受益看，其可分为三类：职位和薪资同时晋升、职位晋升而薪资不变、职位不变而薪资晋升。

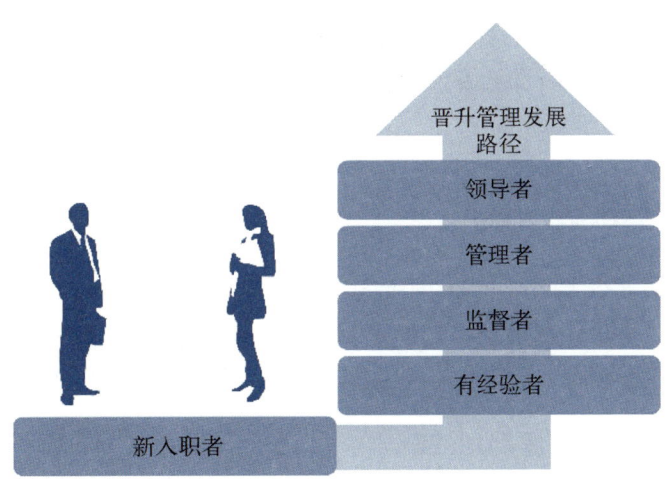

图4-5　晋升管理发展路径

晋升遵循的原则一般如下。

（1）德才兼备。

如果让才高德寡之人晋升，会在员工中造成不良影响，打击员工的积极性。

（2）机会均等。

让每个员工都有晋升机会，公平竞争，这样可以激发员工的上进心。

（3）阶梯晋升与破格提拔相结合。

阶梯晋升可以消除盲目性，准确度高，便于激励多数员工；对非常之才、特殊之才破格提拔，可以使杰出人才脱颖而出，不致流失。

现实中,具有以下特点的员工往往更容易晋升:以积极的态度面对工作,对上级交代的工作任务,保质保量地完成;体现出潜在的领导力;对组织有奉献精神。

3. 左右发展的路径

与前两种纵向职业发展路径不同,这种职业发展路径属于横向职业路径,即在同一个组织内,员工由原来的职业岗位转换到其他职业岗位上。员工发生职业岗位转换的原因很多。有的员工有足够的职业发展潜能,主动要求换岗以挖掘自身潜能,实现自身价值。有的员工出现职业倦怠,转换职业岗位类似在单位内部的"跳槽",可以摆脱长期从事原本工作的无聊、倦怠,从事新的工作,继续学习和进步。

4. 向外发展的路径

这种职业发展路径在实践中可分为两种情况。一是双重职业路径,主要用来解决在某一领域中具有专业技能的人既不满足于长期工作的领域,又不希望离开专业领域的问题。如一些员工为了拓展自己感兴趣的领域、减轻家庭负担或充分发挥自己的才能等,在完成主业之余发展第二职业。二是离开原来的职业岗位,选择自主创业或从事自由职业。

 思考与讨论

结合你所学的专业和自身条件,想想你准备沿着哪条职业发展路径发展。

二、进行职业生涯规划

拓展阅读 4-1:
首届全国大学生职业规划大赛举办

一个人一生职业、职位变迁和工作理想实现的过程构成了他的职业生涯。职业生涯是个人与他人、与环境、与社会互动的结果,每个人的职业生涯各不相同。成功的职业生涯离不开切合实际的职业生涯规划。

(一)职业生涯规划的概念

职业生涯规划是指在对个人职业生涯的主客观条件进行分析、总结的基础上,对自己的性格、兴趣、能力、特点等进行综合权衡,结合社会的需要,根据自己的职业倾向,确定最佳的职业发展目标,并为实现这一目标做出行之有效的安排的活动。

职业生涯规划解决的是一个人将在什么样的职业领域发展、如何在这一领域得到发展以及打算取得怎样的成就等问题。职业生涯规划是对个人职业前途的展望,是对个人未来的生活进行的谋划。

开展职业生涯规划的目的在于:帮助个人明确目标,少走弯路;帮助个人发现、培养、发挥自己的优势;帮助个人认识、发现自己的短板并有意识地不断缩小自身条件与发展目标的差距,从而实现职业生涯目标。

（二）职业生涯规划的类型与原则

1. 职业生涯规划的类型

根据规划时间的长短，职业生涯规划可分为人生规划、长期规划、中期规划、短期规划。

（1）人生规划：对自己整个职业生涯的规划，时间可长达40～50年，主要设定人生的发展目标。

（2）长期规划：5～10年内的规划，主要设定较长远的目标。

（3）中期规划：2～5年内的规划。

（4）短期规划：2年内的规划，主要确定近期目标，规划近期掌握哪些知识与技能等。

2. 职业生涯规划的原则

（1）根据个人能力和特长进行规划。

任何职业都有其能力要求，但我们不可能掌握所有的技能。能力和特长对个人的职业选择起到了筛选的作用，是求职择业和事业成功的重要保证。

（2）根据个人兴趣进行规划。

兴趣可以使人集中精神、产生愉悦的情绪，从而提高工作效率和工作质量。根据个人兴趣进行职业生涯规划是一种明智的选择。

微课 4-2：
职业生涯规划
的步骤

（3）根据社会需要进行规划。

进行职业生涯规划应做到社会利益与个人利益相统一，社会需要与个人愿望有机结合，兼顾眼前利益与长远发展。

（三）职业生涯目标的制定原则

1. 符合社会环境

任何人的发展都离不开社会环境。在制定职业生涯目标时，要先研究社会的需要，有需要才有发展潜力。

2. 适合自身特点

人们有不同的性格、兴趣、特长等，这些特点就是个人的优势，将目标建立在个人优势的基础上，就能处于主动、有利的地位。自身特点与职业生涯目标一致，才能做到事半功倍。

3. 目标要明确

对目标和所要达到的程度要有明确具体的要求。

4. 目标不宜过多

在同一时间段内只设定一个目标。将多个目标分开，每个时间段实现一个目标，拉开时间差距。实现一个目标后，再实现另一个目标。

5. 涉及的专业面不宜过宽

职业生涯目标涉及的专业面不宜过宽。专业面越窄，力量越集中，成功的概率越大。

6. 长期目标与短期目标相结合

在职业生涯发展过程中，通过实现短期目标，我们能体验到实现目标的成就感和乐趣,鼓舞自己为取得更大的成就向更高的目标前进。同时,还应通过制定长期目标来明确方向,并激励自己不断努力。

7. 时间上留有余地

要留出机动时间,万一发生某些意外,才会有时间和精力机动处理。实现目标的时间安排要从实际情况出发,在要求不变的情况下,实现目标的时间和做法可以调整。只要总体进度不慢,职业生涯目标就能实现。

职业生涯定位 — 职业锚

(一) 职业锚的概念

职业锚理论又称为职业定位理论,是由美国职业指导专家埃德加·施恩提出的。锚是船只停泊定位用的工具,职业锚则是指当个人面临职业选择的时候,无论如何都不会放弃的至关重要的东西或价值观。

职业生涯发展实际上是一个持续不断的探索过程,在实际工作体验中,每个人都会根据自己的天赋、能力、动机、需要、态度和价值观等慢慢形成较为明晰的与职业有关的自我概念。随着对自身了解的深入,个人就会逐步明显地形成一个占主要地位的职业锚。

职业锚实际上就是个人选择和发展自己的职业生涯时所围绕的中心,是个人进行职业生涯决策时的核心因素,是判断个人是否获得职业成功的标准。

(二) 职业锚的类型

职业锚包括八种类型,即技术/职能型、管理型、自主/独立型、安全/稳定型、创造/创业型、服务/奉献型、挑战型、生活型(图4-6)。

1. 技术/职能型

技术/职能型的人强调实际技术或职能,追求在技术领域的成长、技术水平的不断提高,以及应用这种职能的机会。他们对自己的认可来自他们的专业水平,他们喜欢面对来自专业领域的挑战。技术/职能型的人具有相当明确的职业追求、需要和价值观。

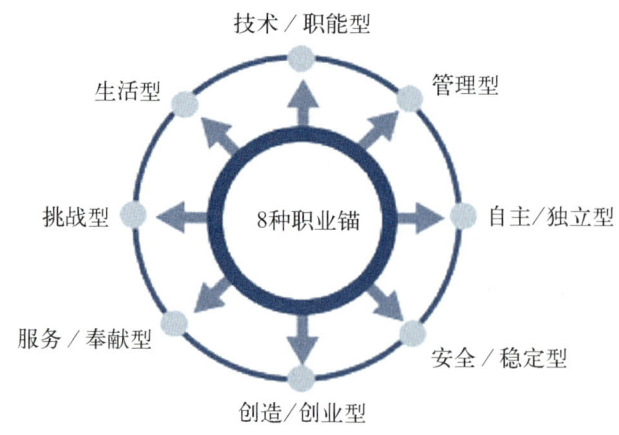

图4-6 职业锚的八种类型

2. 管理型

管理型的人追求并致力于实现晋升,他们愿意担负管理责任,倾心于全面管理。他们会积极从事一个或几个领域的工作,以此更好地展现自己的管理协调能力,争取获得更高职位的管理权力。独立负责一个部门,或是跨部门整合其他人的努力成果是管理型的人的目标。

3. 自主/独立型

自主/独立型的人希望能随心所欲地安排自己的工作方式、工作习惯、生活方式等,他们追求的是自由自在、不受拘束或少受拘束的工作、生活环境。他们渴望最大限度地摆脱组织约束,追求能施展个人职业能力的工作环境。

4. 安全/稳定型

安全/稳定型的人追求的职业安全/稳定主要有两种:一是职业上的安全/稳定,他们关注能否在职场中获得稳定的成员资格;二是情感上的安全/稳定,以及由工作引申出来的情感上的寄托。

5. 创造/创业型

创造/创业型的人要求有自主权、管理能力,能施展自己的才干。他们往往有独特的思想,希望用自己的能力去创建属于自己的企业,生产产品或者提供服务。他们愿意去冒险,去克服困难。

6. 服务/奉献型

服务/奉献型的人追求他们认可的核心价值,如帮助他人、改善人们的生活环境等。他们时刻都在寻找这样的机会来实现自身价值。

7. 挑战型

挑战型的人喜欢解决看似无法解决的棘手问题,战胜实力强劲的对手。新奇、变化是挑战型的人所追求的终极目标。

8. 生活型

生活型的人认为,成功不仅仅是指职业成功。他们希望自己所处的工作环境允许他们平衡个人的需要、家庭的需要及职业的需要,能把生活的各个方面整合为一个全面的整体。

(三) 职业锚的作用

职业锚在个人的职业生涯、工作生命周期和事业发展过程中都发挥着重要的作用:一是有助于选择职业生涯发展道路;二是有助于确定职业生涯目标,发展职业角色形象;三是有助于提高个人的工作技能水平和职业竞争力。

职业锚是个人经过长期寻找所形成的职业生涯的定位。职业锚形成后,个人便会相对稳定地从事某种职业,以此积累工作经验、扩大知识面及提升专业技能水平。随着个人工作经验的丰富和积累,以及个人知识面的扩展,个人的职业技能将不断增强,个人的职业竞争力也会随之增强。

活动与训练

人生体验与职业发展

1. 我的人生体验与所处的职业发展阶段

（1）回顾一下这些年来发生过的事件，哪些事件给你带来了正面影响，让你获得了快乐、满足的情绪体验？哪些事件给你带来了负面影响，让你获得了痛苦、沮丧、失望的情绪体验？将这些事件填写在表4-1中，分析它们对你产生的影响。

表4-1　事件及其影响

事　件	正　面　影　响	负　面　影　响

（2）我们现在正处于至关重要的职业发展探索积累期。让我们制定一个短期的职业发展目标，指导我们今后3～5年的行动吧。

职业发展目标：＿＿＿＿＿＿＿＿＿＿＿＿＿＿＿＿＿＿＿＿＿＿＿＿＿。

主要内容：＿＿＿＿＿＿＿＿＿＿＿＿＿＿＿＿＿＿＿＿＿＿＿＿＿＿＿。

它吸引我注意力的原因：＿＿＿＿＿＿＿＿＿＿＿＿＿＿＿＿＿＿＿＿。

我需要收集的信息：＿＿＿＿＿＿＿＿＿＿＿＿＿＿＿＿＿＿＿＿＿＿。

我需要参与的活动项目：＿＿＿＿＿＿＿＿＿＿＿＿＿＿＿＿＿＿＿＿。

我需要在个性上做出的改变：＿＿＿＿＿＿＿＿＿＿＿＿＿＿＿＿＿＿。

我需要培养的职业兴趣：＿＿＿＿＿＿＿＿＿＿＿＿＿＿＿＿＿＿＿＿。

我需要培养的职业能力：＿＿＿＿＿＿＿＿＿＿＿＿＿＿＿＿＿＿＿＿。

我必须具备的其他条件：＿＿＿＿＿＿＿＿＿＿＿＿＿＿＿＿＿＿＿＿。

2. 表4-2为马斯拉奇职业倦怠调查普适量表。请你根据自己的情况，从中为每道题目选择符合自己情况的那一项，并计算得分。

表4-2　马斯拉奇职业倦怠调查普适量表

项　　目	从未如此（5分）	很少如此（4分）	说不清楚（3分）	经常如此（2分）	总是如此（1分）
1. 在工作中产生挫折感					
2. 觉得自己不被理解					
3. 工作让自己感到疲惫					
4. 觉得自己工作非常努力					
5. 面对工作时有力不从心的感觉					
6. 工作时感到心灰意冷					
7. 觉得自己工作的方式不恰当					
8. 想休息一阵子或另调职位					
9. 认为只要努力就能得到好的结果					
10. 肯定工作的价值					
11. 认为自己的工作相当有意义					
12. 可以从工作中获得满足感					
13. 有自己的工作目标和理想					
14. 在工作时精力充沛					
15. 乐于学习工作中的新知识					
16. 能够冷静地处理情绪上的问题					
17. 从事这份工作后对人变得更冷淡					
18. 对同事身上发生的事不关心					
19. 同事将遇到的问题归咎于自己					
20. 担心工作会使自己逐渐失去耐性					
21. 面对他人时会有很大压力					
22. 常盼望有假期，可以不用上班					

计分方法：

这个测试包括了职业倦怠的三个方面：情绪衰竭（1—8）、低个人成就（9—16）、人格解体（17—22）。其中，9—16题为反向题，需要反向计分，即选"从未如此"计1分，选"很少如此"计2分，选"说不清楚"计3分，选"经常如此"计4分，选"总是如此"计5分。其余题目正常计分。

将所有题目得分相加除以22得到平均分，即代表你职业倦怠问题的严重程度。得分越高，表明职业倦怠的程度越高。

一 了解就业中的权利与义务

（一）大学毕业生的就业权利与义务

1. 大学毕业生的就业权利

（1）自主择业权。

大学毕业生的自主择业权包括：① 自主选择就业与暂缓就业的权利，中职升高职、高职升本科、考研等升学深造的，可以暂缓就业；② 自主选择就业去向的权利，即可以选择参军入伍、加入公务员队伍、进入企事业单位、到城乡基层工作等；③ 自主选择就业方式的权利，即可以参与政府调控、学校推荐、灵活就业、毕业生和用人单位双向选择等；④ 自主决定从业种类的权利，即可以自由选择职业。

 案例4-4

随意调整工作岗位的公司

小孙大学毕业后，应聘到某机械公司的法务部工作，并与公司签订了5年的劳动合同。小孙非常喜爱法律事务工作，平常工作认真负责，从未犯过错误。不想，半年后，公司未经小孙同意变更了他的工作岗位，安排他到统计部门工作。小孙认为公司的法务部岗位并未撤销，而自己的工作考核均合格，没有不胜任工作的表现，公司强行变更工作岗位是违法的。他向当地劳动部门提起劳动争议仲裁，要求公司按劳动合同约定履行义务。

分析：

该公司的做法侵犯了小孙的自主择业权。劳动者有权根据自己的爱好、能力等自主选择职业、工种。该公司如确实需要变更小孙的工作岗位，应与小孙协商，未经协商即强行变更小孙的工作岗位是违法的，应承担相应的法律责任，并按劳动合同约定继续履行义务。

（2）平等对待权。

大学毕业生在参加招录、应聘过程中依法享有被公平、公正对待的权利，不因民族、性别、身高、宗教信仰等而受到歧视。报到后,用人单位应根据需要和毕业生所学专业为其安排工作岗位,从报到之日起为其计算工龄,薪金与福利待遇应按国家有关规定执行。在非公有制单位就业的,工资标准不应低于当地最低标准。

（3）知悉真情权。

大学毕业生享有知悉用人单位的工作环境、工作内容、基本待遇等真实情况的权利。用人单位和学校应如实地、不含糊地、无保留地向毕业生提供用人单位的基本情况、工作安排、薪金待遇等信息。

（4）接受就业指导权。

就业指导是大学教育的一个环节,有利于毕业生了解就业形势,明确个人就业方向,实现尽快就业、精准就业和高质量就业。

（5）自我推荐与接受推荐权。

大学毕业生作为完全民事行为能力人,有向用人单位进行自我推荐的权利。学校拥有更大的社会公信力和品牌影响力,对用人单位更加了解,也愿意把自己的优秀毕业生推荐出去。毕业生有权享受学校的推荐。

（6）档案保存权。

毕业生进入拥有人事接收权的单位的,档案会被转递给单位的人事处;进入没有人事接收权的单位的,档案可以转递到单位所在地的人才交流服务中心。暂缓就业和灵活就业的,档案可在学校保存两年。

（7）隐私保护权。

大学毕业生以电子或者其他方式记录的能够单独或者与其他信息结合用于识别特定自然人的各种个人信息,包括姓名、出生日期、身份证件号码、生物识别信息、住址、电话号码、电子邮箱、健康信息、行踪信息等是其个人隐私的一部分,受法律保护。除法律另有规定或者毕业生明确同意的情况外,任何组织或者个人不得以泄露、公开等方式处理其个人信息,不得以电话、短信、即时通信工具、电子邮件、传单等方式侵扰其私人生活安宁。

（8）违约求偿权。

大学毕业生、用人单位、学校三方签订就业协议书后,任何一方不得擅自毁约。如果用人单位违约,毕业生有权要求用人单位承担违约责任并支付违约赔偿金。

2. 大学毕业生的就业义务

大学毕业生在享受国家规定的权利的同时,应当承担相应的义务,否则将承担违约的相应责任。毕业生应当承担的就业义务有:① 遵守国家就业方针政策和规定的义务;② 向用人单位实事求是地介绍个人情况的义务;③ 接受用人单位组织的测试或考核的义务;④ 严格履行就业协议的义务;⑤ 遵守学校有关规定的义务。

（二）劳动者的权利与义务

1. 劳动者的权利

（1）平等就业和选择职业的权利。

平等就业是指具有劳动能力的人平等地享有就业的资格,不因民族、种族、性别、年龄、居住地、家庭出身、政治面貌、宗教信仰、经济能力等的不同而受到限制;在应聘某一职位时,都有平等地参与竞争的机会,任何人不得享有特权,也不得对任何人予以歧视。

选择职业权是指劳动者根据自己的意愿选择适合自己才能与爱好的职业,不受外在力量干涉的权利。

平等就业和选择职业的权利是每一个劳动者都享有的劳动权利。如果这一权利受到侵犯,劳动者有权提出异议,必要时还可诉诸法律。

（2）取得劳动报酬的权利。

取得劳动报酬的权利是劳动权利的核心。根据法律规定,国家在发展生产的基础上,提高劳动报酬和福利待遇;工资分配应当遵循按劳分配原则,实行同工同酬;国家实行最低工资保障制度,用人单位支付给劳动者的工资不得低于当地工资标准;工资应当以货币形式按月支付给劳动者本人,不得克扣或无故拖欠;在法定休假日、婚丧假期间及劳动者依法参加社会活动期间,用人单位应当依法支付工资;用人单位在符合法律规定的条件下延长劳动者的工作时间（包括在正常工作时间外加班、休息日加班又不能安排补休、法定休假日安排工作）的,必须支付高于劳动者正常工作时间工资的报酬;企业破产清算时,破产人所欠职工的工资享有优先受偿权。

（3）休息休假的权利。

休息休假的权利是劳动者为了保护自己的身体健康和提高劳动生产率,在法定工作时间之余,通过休息消除疲劳、恢复劳动能力的权利。

《劳动法》规定,劳动者每日工作时间不超过8小时,平均每周工作时间不超过44小时。用人单位应当保证劳动者每周至少休息一日。在元旦、春节、国际劳动节、国庆节及法律法规规定的其他休假节日期间,用人单位应当依法安排劳动者休假。用人单位由于生产经营需要,经与工会和劳动者协商后可以延长工作时间,一般每日不得超过1小时。因特殊原因需要延长工作时间的,在保证劳动者身体健康的条件下延长工作时间每日不得超过3小时,而且每月不得超过36个小时。劳动者在用人单位连续工作一年以上,享受带薪年休假。除此之外,劳动者经用人单位批准,还可享受一定的婚假、丧假、病假、工伤假、产假、探亲假和事假等。用人单位安排劳动者在正常工作时间外加班的,用人单位应当按以下标准支付劳动者的工资报酬:延长劳动者工作时间的,支付不低于工资的150%的工资报酬;休息日安排工作又不能安排补休的,支付不低于工资的200%的工资报酬;法定休假日安排工作的,支付不低于工资的300%的工资报酬。

（4）获得劳动安全卫生保护的权利。

获得劳动安全卫生保护的权利是指劳动者在劳动过程中依法享有的保护生命安全和身体健康等切身利益的权利。

《劳动法》规定,用人单位必须建立、健全劳动安全卫生制度,严格执行国家劳动安全卫生规程和标准,对劳动者进行劳动安全卫生教育,防止劳动过程中出现事故,减少职业危害。劳动安全卫生设施必须符合国家规定的标准。用人单位必须为劳动者提供符合国家规定的劳动安全卫生条件和必要的劳动防护用品,对从事有职业危害作业的劳动者应当定期进行健康检查。从事特种作业的劳动者必须经过专门培训并取得特种作业资格。劳动者在劳动过程中必须严格遵守安全操作规程。劳动者对用人单位管理人员违章指挥、强令冒险作业的要求,有权拒绝执行;对危害生命安全和身体健康的行为,有权提出批评、检举和控告。另外,《劳动法》还对女职工和未成年人实行的特殊劳动保护做了明确规定。

（5）接受职业技能培训的权利。

接受职业技能培训的权利是指劳动者在就业前和劳动过程中依法享有的接受专门技术培训和训练的权利。

《劳动法》规定,国家通过各种途径、采取各种措施发展职业培训事业,开发劳动者的职业技能,提高劳动者素质,增强劳动者的就业能力和工作能力。各级人民政府应当把发展职业培训纳入社会经济发展规划,鼓励和支持有条件的企业、事业组织、社会团体和个人进行各种形式的职业培训。用人单位应当建立职业培训制度,按照国家规定提取和使用职业培训经费,根据本单位实际,有计划地对劳动者进行职业培训。从事技术工种的劳动者,上岗前必须经过培训。

（6）享受社会保险和社会福利的权利。

社会保险制度是指国家依法建立的由国家、用人单位和个人共同筹集资金、建立基金,使个人在年老(退休)、患病、生育、失业、工伤(因工伤残或患职业病)等情况下获得物质帮助和补偿的一种社会保障制度。享受社会保险的权利是指劳动者在暂时或永久丧失劳动能力及失业时,依法享有的取得物质帮助和补偿的权利。

根据《劳动法》《中华人民共和国社会保险法》等相关法律的规定,劳动者退休后,依法享受基本养老保险;劳动者在患病、负伤时,依法享受基本医疗保险;劳动者因公伤残或者患职业病时,依法享受工伤保险;劳动者失业时,依法享受失业保险;凡是与用人单位建立了劳动关系的职工,包括男性职工,都应当参加生育保险。职工参加的基本养老保险费、基本医疗保险费和失业保险费,由用人单位和职工共同缴纳。无雇工的个体工商户、未在用人单位参加职工基本医疗保险的非全日制从业人员及其他灵活就业人员可以参加职工基本养老保险和基本医疗保险,由个人按照国家规定缴纳基本医疗保险费。工伤保险和生育保险由用人单位按照国家规定缴纳,职工无须缴纳。

社会福利制度是指国家依法为所有公民普遍提供旨在保证一定生活水平和尽可能提高生活质量的资金和服务的社会保障制度,包括现金援助和直接服务两方面。现金援助通过社会保险、社会救助和收入补贴等形式实现,直接服务通过兴办医疗卫生、文化教育、劳动就业、孤老残幼、残疾康复、心理卫生、公共福利等社会福利设施实现。享受社会福利的权利是指劳动者享有福利设施和福利补贴的权利。

《劳动法》规定,国家发展社会福利事业,兴建公共福利设施,为劳动者休息、休养和医疗提供条件。用人单位应当创造条件,改善集体福利,提高劳动者的福利待遇。

（7）提请劳动争议处理的权利。

提请劳动争议处理的权利是指劳动者在劳动过程中因权益问题与用人单位发生争议时,享有的请求有关部门对争议进行处理的权利。其具体包括三个方面。一是劳动者对争议处理方式有选择权。用人单位和劳动者发生劳动争议,当事人可以依法申请调解、仲裁、提起诉讼,也可以协商解决。二是请求劳动争议处理机构依法受理争议的权利。当争议处理机构不予受理时,劳动者有权要求受理机构说明不予受理的理由和原因,受理机构必须做出答复。三是控告权。县级以上各级人民政府有关部门在各自职责范围内,对用人单位遵守劳动法律、法规的情况进行监督。当劳动者的合法权益遭受侵害,劳动者请求争议处理,而处理机构不依法受理时,劳动者有权检举和控告。

（8）法律规定的其他劳动权利。

劳动者除享有以上基本劳动权利外,还依法享有其他劳动权利,包括：依法组织和参加工会的权利；通过职工大会、职工代表大会或者其他形式参与民主管理或者就保护劳动者合法权益与用人单位平等协商的权利；依法解除劳动合同的权利；对用人单位管理人员违章指挥、强令冒险作业拒绝执行的权利；对违反劳动法律法规的行为进行检举和控告的权利；等等。

2. 劳动者的义务

（1）劳动义务。

劳动义务是指劳动者依据法律规定和合同约定,提供劳动力,从事实际劳动并完成规定工作任务的义务。劳动义务的内容包括：一是劳动者必须依约定或规定从事实际劳动；二是劳动者必须完成工作任务。劳动者履行劳动义务是劳动者获得劳动报酬的基本前提。

（2）提高职业技能水平的义务。

提高职业技能水平的义务是指劳动者不断提高劳动能力和业务知识水平,促进自身职业技能水平不断提高的义务。提高职业技能水平的义务要求劳动者不断学习新的业务知识,提高业务能力和操作技能水平,改进生产工艺,提高产品质量。

（3）执行劳动安全卫生规程的义务。

劳动安全卫生规程是指国家为保护劳动者的健康,预防和消除职业病、职业中毒而制定的各种法律规范,如对防止有毒有害物质、粉尘、噪声、强光危害及对通风照明、防暑降温、防寒、个人防护用品等的有关规定。劳动者必须严格执行劳动安全卫生法规,遵守安全卫生操作规程,正确使用防护用品、用具；对违章指挥有权拒绝执行；遇有特别严重险情时,有权停止作业并撤离危险岗位；对违反法律、法规和漠视职工安全健康的企业领导者,有权批评、检举和控告。

（4）遵守劳动纪律和职业道德的义务。

劳动纪律是指劳动者在劳动中应遵守的劳动规则和劳动秩序。劳动纪律是用人单位组织生产经营活动、完成工作任务的保证条件,是劳动者必须遵守的。

遵守职业道德的义务要求劳动者在职业活动中必须做到爱岗敬业、诚实守信、办事公道、服务群众、奉献社会。遵守职业道德是每个劳动者必须具备的职业素质。

二 劳动争议的解决途径

劳动争议是指劳动者与用人单位之间因劳动关系中的权利、义务而发生的纠纷。《中华人民共和国劳动争议调解仲裁法》(以下简称《劳动争议调解仲裁法》)将劳动争议分为六类,即因确认劳动关系发生的争议；因订立、履行、变更、解除和终止劳动合同发生的争议；因除名、辞退和辞职、离职发生的争议；因工作时间、休息休假、社会保险、福利、培训及劳动保护发生的争议；因劳动报酬、工伤医疗费、经济补偿或者赔偿金等发生的争议；法律、法规规定的其他劳动争议。

劳动争议的解决途径有以下几种。

(一) 协商

协商是指双方共同商量以便取得一致意见。协商最为常见、成本最低、不伤双方和气，因而也往往是双方最容易接受的、效果最好的劳动争议解决方式。只要不是矛盾十分尖锐的争议，都可以通过协商来解决。

微课 4-3:
劳动争议及其
处理

(二) 调解

调解是指双方当事人就产生争议的实体权利、义务，在第三方主持下进行协商，在平等协商基础上自愿达成协议从而解决争议的方式。

发生劳动争议，当事人不愿协商、协商不成或者达成和解协议后不履行的，可以向调解组织申请调解。劳动争议的调解组织有企业劳动争议调解委员会，依法设立的基层人民调解组织及在乡镇、街道设立的具有劳动争议调解职能的组织。

调解不收取任何费用。经调解达成协议的，应当制作调解协议书。调解协议书由双方当事人签名或者盖章，经调解员签名并加盖调解组织印章后生效，对双方当事人具有约束力，当事人应当履行。就支付拖欠劳动报酬、工伤医疗费、经济补偿或者赔偿金事项达成调解协议，用人单位在协议约定期限内不履行的，劳动者可以持调解协议书依法向人民法院申请下达支付令。

调解不是解决劳动争议的必经程序，但对于希望继续留在本单位工作的劳动者来说，通过调解来解决劳动争议不失为一种理想的选择。

(三) 仲裁

仲裁是指由双方当事人协议将争议提交第三方，由第三方对争议进行评判并做出裁决的解决争议的方式。发生劳动争议，当事人不愿调解、调解不成或者达成调解协议后不履行的，可以向劳动争议仲裁委员会申请仲裁。选择调解解决的，自劳动争议调解组织收到调解申请之日起十五日内未达成调解协议的，当事人可以依法申请仲裁。达成调解协议后，一方当事人在协议约定期限内不履行调解协议的，另一方当事人可以依法申请仲裁。

劳动争议申请仲裁的时效期间为一年。劳动关系存续期间因拖欠劳动报酬发生争议的，劳动者申请仲裁不受一年的仲裁时效期间的限制；但是，劳动关系终止的，应当自劳动关系终止之日起一年内提出。

劳动争议仲裁委员会裁决劳动争议案件实行仲裁庭制。仲裁庭裁决劳动争议案件，应当自劳动争议仲裁委员会受理仲裁申请之日起四十五日内结束。案情复杂需要延期的，经劳动争议仲裁委员会主任批准，可以延期并书面通知当事人，但是延长期限不得超过十五日。逾期未做出仲裁裁决的，当事人可以就该劳动争议事项向人民法院提起诉讼。

下列两类劳动争议的仲裁裁决为终局裁决，裁决自做出之日起发生法律效力：追索劳动报酬、工伤医疗费、经济补偿或者赔偿金，不超过当地月最低工资标准十二个月金额的争议；因执行国家的劳动标准在工作时间、休息休假、社会保险等方面发生的争议。

（四）诉讼

诉讼是国家审判机关在诉讼参与人的参与下，依据法定的权限和程序解决争议的活动。当事人对《劳动争议调解仲裁法》第四十七条规定"一裁终局"以外的其他劳动争议案件的仲裁裁决不服的，可以在收到仲裁裁决书之日起十五日内向人民法院提起诉讼。适用普通程序审理的劳动争议案件，应当在立案之日起六个月内审结。有特殊情况需要延长的，由本院院长批准，可以延长六个月；还需要延长的，报请上级人民法院批准。

诉讼相比协商、调解和仲裁等手段，解决争议的成本较高，这就使得诉讼途径成为解决争议的最后选择。诉讼的核心问题是证据问题，整个诉讼活动围绕证据的搜集和运用而展开。法庭通过诉辩双方提供的证据和证据所形成的证据链来再现、还原争议的本来面目，从而认定事实、做出裁判。诉讼的证明责任原则，一般是"谁主张，谁举证"。没有确实充分的证据，即使当事人的主张是真实情况，也无法胜诉。因此，选择诉讼方式解决争议，当事人必须掌握证据，并学会"用证据说话"。

活动与训练

劳动争议分析

小李在大学毕业后通过参加招聘会找到一份不错的工作，双方签订了劳动合同。建立劳动关系后，小李发现用人单位并未依照劳动合同所约定的承诺支付劳动报酬。小李多次与用人单位交涉未果，随后与主管大吵一架，拂袖而去。一年后，小李欲通过法律途径维护合法权益，却被告知已错失了法律保护的最佳时机。

思考并讨论以下问题。

（1）根据现行法律的规定，劳动争议的解决途径有哪些？

（2）通过仲裁途径解决劳动争议需注意哪些问题？本案中，小李为什么已经无法通过法律途径保护自己的权益？

项目五

创新创业
——创新是国家兴旺发达的不竭动力

任务一　掌握创新思维和方法

任务二　树立创业理想

任务三　选择创业机会

任务四　打造创业团队

引导语

　　党的二十大报告指出："必须坚持科技是第一生产力、人才是第一资源、创新是第一动力，深入实施科教兴国战略、人才强国战略、创新驱动发展战略，开辟发展新领域新赛道，不断塑造发展新动能新优势。"习近平总书记强调，我们要"以创造之教育培养创造之人才，以创造之人才造就创新之国家"，把创新创业教育贯穿于人才培养的全过程，培养造就能更好地适应和引领创新发展的各类人才。

　　进入新时代，我国经济已由高速增长阶段转入高质量发展阶段。人工智能、大数据、物联网等新技术、新应用、新业态方兴未艾，创新领域成为国际竞争的新赛场。提高我国的国际竞争力，推动产业转型升级，实现经济高质量发展，对高素质创新型人才培养提出了新的要求。

　　本项目将从掌握创新思维和方法、树立创业理想、选择创业机会、打造创业团队等创新创业的关键环节出发，给同学们提供创新创业的基本技能和方法，助力同学们实现自己的创新创业梦想。

学习指南

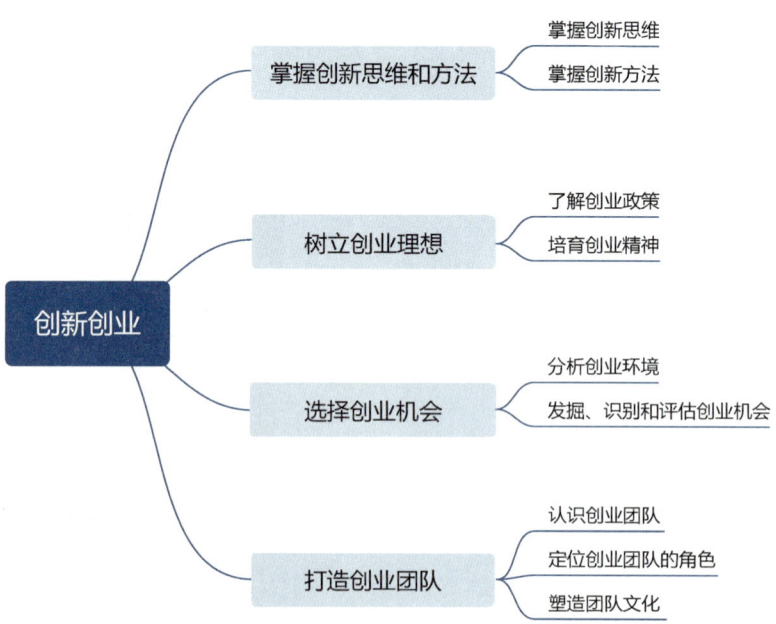

掌握创新思维

（一）了解创新思维

1. 创新思维的概念

创新思维是指以新颖独创的方法解决问题的思维,这种思维能突破旧有思维的束缚,以超常规甚至反常规的方法、视角去思考问题,提出与众不同的解决方案,从而产生新颖的、独到的、有社会意义的成果。通俗地说,它就是突破原有的框架,见别人所未见、想别人所未想、做别人所未做的思维。它具有开创意义,是开拓新认知领域、取得新成果的一种思维活动。创新思维的目标是解决问题,因为只有解决了有价值的问题,创新思维才有意义。

 案例5-1

扩大1毫米

有一家生产牙膏的公司,其产品质量优良,包装精美,深受广大消费者的喜爱,每年发展蒸蒸日上。前十年每年的营业增长率为10%～20%,令董事部雀跃万分。不过,业绩进入第十一年便停滞下来,每个月维持同样的数字。

董事部对业绩表现感到不满,便召开全国经理级高层会议商讨对策。会议中,有一名年轻经理站起来,扬了扬手中的一张纸对总裁说:"我有个建议。但若您要采用我的建议,必须另付我5万元。"

总裁听了很生气,说:"公司每个月都支付你薪水,现在叫你来开会讨论,你还另外要求5万元,这是否过分?"年轻经理解释:"总裁先生,请别误会。若我的建议行不通,您可以将它丢弃,一角钱也不必付。""好!"总裁接过那张纸,阅毕,马上签了一张5万元的支票给那名年轻经理。那张纸上只写了一句话:将现有的牙膏开口扩大1毫米。

总裁马上下令更换新的包装。试想,每天早上,每个消费者多用一些牙膏,每天牙膏的消费量将多出多少呢?这个决定使该公司的营业额增加了32%。

分析:

创新思维是以解决问题为目标,以超常规、反常规的视角去思考和处理问题的思维。对于工作和生活中的各种问题,当难以用常规思维解决时,我们不妨换个思维方式,以创新思维为突破口,说不定可以产生意想不到的效果。

2. 创新思维的类型

(1) 发散性思维。

发散性思维是沿着不同方向、不同角度思考问题,从多个方面寻找问题答案的思维方式。这种思维方式的本质特征是多方面、多角度地思考问题,而不是局限于一种思路、一个角度、一种方法。对于发散性思维来说,当用一种方法、从一个方面不能解决问题时,应主动地否定这一方法、方面,而向另一种方法、另一个方面展开跨越思考。发散性思维不满足于已有的思维成果,力图向新的方面、领域展开探索。

在日常生活中,有的人在思维过程中跨度很大,能够进行广泛的联想,但是有些人缺少思维广度,思维有很大的局限性。从进行创新活动的角度来说,我们一定要具有足够的思维广度,将思维扩展开,发散一下思维,便会产生许多奇妙的创意。

(2) 质疑思维。

质疑是人类思维的精髓,善于质疑就是凡事都要追问原因,敢于否定。用怀疑和批判的眼光看待一切事物,是许多新事物、新观念产生的开端,也是创新思维的基本类型之一。

我们要充分运用质疑思维来审查头脑中已有的知识和观念的正确性。首先,人们头脑中的绝大部分理论知识不是通过独立思考得来的,而是来自教师的指导;教师的知识又是通过他们的教师得来的,如此代代相传。在这个传承过程中,难免会存在歪曲和谬误。其次,人们自身的经验并不十分可靠,目睹的并不一定是事实。例如,两条等长的直线,一条垂直放置,另一条水平放置,垂直的线看起来比水平的线长,这就是视觉造成的偏差。

(3) 比较思维。

比较思维根据角度,可以分为纵向思维和横向思维两种。

纵向思维是从对事物自身的过去、现在和将来的分析、比较中,发现事物在不同时期的特点及其联系,从而把握事物及其本质的思维。其特点如下。首先,历时性揭示了事物的发展过程,历时性的考察对于周期性重复的事物而言尤为重要。其次,同一性是指所考察的事物必须是同一个事物,具有自身的稳定性和可比性。最后,纵向思维是由过去到现在,再由现在推断将来的思维,因此具有预测性。

横向思维具有同时性、横断性和开放性的特点。首先,同时性就是将时间范围确定下来,然后研究同一个时段中各个方面间的相互关系。只有对时间进行限定之后,才可以展开横向的比较和研究。其次,横断性就是将研究的客体放到事物的相互联系中进行考察。由此可以充分展开事物各个方面间的相互关系,从而揭示在纵向思维过程中不易觉察的问题。最后,开放性要求在众多事物、关系的比较中思考问题,加以比较的事物、关系越多,发现的信息就越充分。

（4）互动思维。

互动思维是利用集体的智慧，通过互相交流、启发和激励而产生新思想的思维过程。这种思维的特点如下：可以克服心理障碍，自由奔放，打破常规；可以激发创新性思维活动，产生新观念，并创新性地解决问题。

头脑风暴法是典型的互动思维方法。这一方法由亚历克斯·奥斯本首创，与会人员在融洽和不受任何限制的气氛中以会议形式进行讨论、座谈，打破常规，积极思考，畅所欲言，充分发表看法，其目的在于产生新观念或激发创新设想。

（二）训练创新思维

运用创新思维的目的，就是让我们克服思维定式，打破旧有模式的阻碍。创新思维是厚积薄发的，通过长期反复的训练和积累，创新思维能力可以得到强化。

提升创新思维能力，我们可以从以下几个方面入手。

1. 打破惯性思维

惯性思维是先前的活动造成的一种对活动的特殊的心理准备状态或活动的倾向性。在环境不变的条件下，它使人们能够应用已掌握的方法迅速解决问题。而在情境发生变化时，它会妨碍人们采用新的方法，成为束缚创新思维的枷锁。

图5-1所示的"神奇盒子"试验展示了惯性思维的来源。

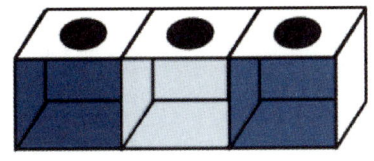

🔷 研究者展示了一个神奇的盒子，这个盒子有三个分区（红、黄、蓝）

🔷 每个分区顶盖上都有一个洞，被试可以将小球扔进任意一个洞里，但是只有当小球掉进某一个特定分区（如红色）的洞里时，才有奖品掉出来

🔷 等到被试对这个盒子熟悉以后，研究者又让被试在一旁观看其他三个同伴对这个盒子的动作；

🔷 研究者已经事先训练过了这三个同伴，他们只会把小球扔进另一个特定分区（如蓝色）的洞里

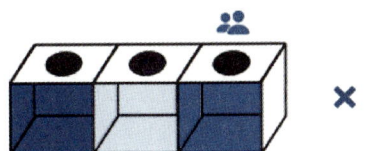

🔷 结果显示，人类小孩更有可能遵从"群体规范"，将自己的行为调整到与群体行为一致，即把小球扔进错误的洞里（哪怕他们知道正确的洞）

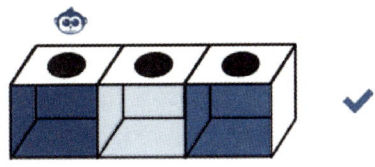

🔷 黑猩猩或者红毛猩猩则更有可能坚持"做自己"，不理睬群体的选择，将小球扔进正确的洞里

图5-1 "神奇盒子"试验

　　惯性思维是日常建立起的思维,是脑神经的惯性放电轨迹,遇到问题时,容易像固化的程序一样,由A的输入直接产生B的输出,忽略了过程中的其他可能性,也许在其他可能性中蕴含着创新的机会(图5-2)。

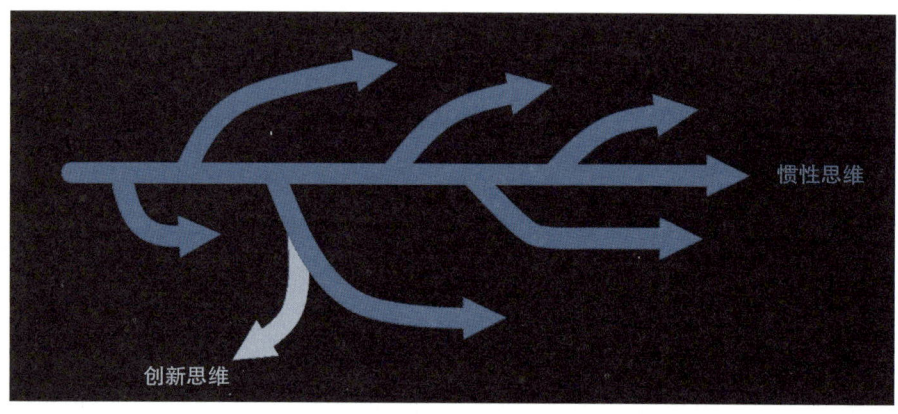

图5-2　惯性思维和创新思维

　　因为受家庭、工作环境甚至性格等种种因素的影响,我们每个人或多或少都会有一些属于自己的思维习惯。惯性思维具有隐蔽性、持续性、顽固性等特征,一经形成就会如影随形。因此,在创新活动中,我们必须想办法突破这些惯性思维对我们的束缚,时刻保持对惯性思维的警觉,在思考问题时故意避开自己习惯的思维方向,降低惯性思维对自身的影响。

课堂活动

打破惯性思维

　　请同学们在教室里自由走动,快速、大声、连续地说出看到的人和事物的名字,但不能说其原来的名字,而要起一个与其原来的名字相去甚远的名字,如看到椅子,可以叫它"薰衣草",看到小张,可以叫他"小赵"。下一次看到,要再为其起一个新名字。

2. 观察能力训练

　　有效的观察是创新的源泉,然而我们的观察能力有先天局限:有感知层面的,会影响观察结果的采集;有过滤层面的,会影响我们的注意力;也有视角层面的,对观察内容的处理有局限。人类的观察局限会产生不完整和失真的信息,使人们错失创新机会。

　　要想提高观察能力,可以根据局限分别进行有针对性的练习。针对感知的局限,可以进行多感官观察和借助想象进行观察;针对过滤的局限,可以进行不断调整焦点的观察;

针对视角的局限，可以进行非主观观察和多视角换位观察（同理心观察）。图5-3就是不断调整焦点观察的案例。人们往往难以在第一时间发现图中男人手指数量的问题。

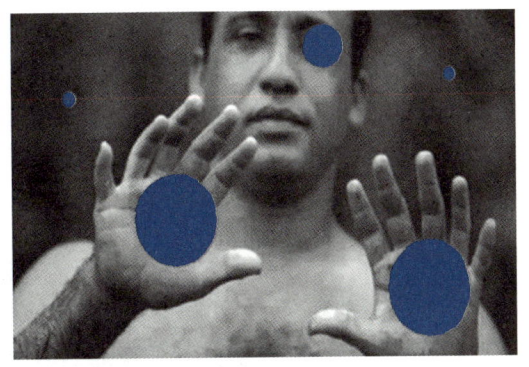

图5-3　不断调整焦点观察的案例

3. 发散思维训练

发散思维是创新思维的重要类型，训练发散思维是培养创造力的重要方法。发散思维的主要功能是提供尽可能多的问题解决方案，这些方案不必每个都正确、有价值，但数量一定要足够多。

曲别针的用途

1987年，一次以创造为主题的学术研讨会在南宁召开。这次会议集中了全国许多科学、技术、艺术等方面的杰出人才，也请来了一些外国的知名专家学者。日本学者村上幸雄在发言时拿出一把曲别针，请大家想想曲别针都有什么用途，比一比谁的发散思维更强。与会者议论纷纷，有的说可以别胸卡、挂日历、别文件，有的说可以挂窗帘，说出了二十余种。有人问村上幸雄："你能说出多少种？"村上幸雄伸出三个指头。有人问："是三十种吗？是三百种吗？"村上幸雄微笑着说："是三千种。"随即，他对自己的发散思维成果进行了介绍，内容十分精彩，备受欢迎。

听完村上幸雄的发言，另一位与会学者许国泰说："幸雄先生所说的曲别针的用途可以简单地用四个字加以概括，即钩、挂、别、连。我认为曲别针的用途远远不止这些。"接着，许国泰把曲别针分解为质地、重量、长度、截面、弹性、韧性、硬度、颜色等十个要素，以此建立一个坐标系，将两条轴上的信息依次"相乘"，实现信息交合，曲别针的用途就无穷无尽了。

（1）逆向发散。

逆向发散又称求异思维，是对司空见惯的、似乎已成定论的事物或者观点反过来思考的思维方式，即"反其道而思之"。多数人意识到的逆向发散一般局限于方向和因果两个方面，实际上，逆向发散有很多不同类型，如空间属性逆向发散、心理逆向发散、缺点逆向发散。

（2）角色扮演发散。

角色扮演发散就是假设自己是另一个人，尝试扮演他人的角色进行思考。

发散思维的训练方法还有很多，包括异想天开、外部随机刺激、用约束催生创意、概念重设、放松与清空等。发散思维训练强调的是寻求看待事物的不同方法和不同路径。我们要跳出现有的框架，去别的地方寻找答案。

思考与讨论

怎样将一个正方形分割成四个大小和形状相同的图形？下面给出了三种分割方法（图5-4），请再想出更多的方法。

图5-4 正方形的分割

 掌握创新方法

人们在创新活动实践中总结出的创新技法多达数百种，不同的创新技法在不同的创新领域的适用性各异，相同的技法可以解决不同的问题，相同的问题也可以用不同的技法来解决。

（一）头脑风暴法

这是奥斯本于1938年提出的一种激发创新思维的方法，即让一群人围绕一个特定的兴趣领域产生新观点。

1. 头脑风暴法的核心原则

（1）自由思考。

与会者要尽可能解放思想，无拘无束地思考问题并畅所欲言，不必顾虑自己的想法是否离经叛道或荒唐可笑。

（2）延迟评判。

禁止对他人的设想评头论足。对设想的评判留在会后进行，现场只能有一种评价方式：你的想法启发了我。

（3）以量求质。

鼓励与会者尽可能多地提出设想，以大量的设想来保证质量较高的设想的存在。设想多多益善，量变才有质变。

（4）组合改善。

鼓励与会者积极进行智力互补，利用别人的设想开拓自己的思路，在自己提出设想的同时，注意思考如何把两个或更多的设想组合成一个更完善的设想。相互刺激、优化是必不可少的过程。

（5）成员多样。

与会者之间的差异越大越好，包括性别、年龄、学历、专业、工作、地域等方面，以实现最大的碰撞，激起火花。

2. 头脑风暴的流程

流程分为准备阶段、头脑风暴阶段、评价与选择阶段。

（1）准备阶段。

进行头脑风暴的会前准备，确定与会者、主持人和头脑风暴要解决的问题，准备相应的材料，如笔、纸、便利贴。必要时，可在会前对与会者和主持人进行一定的培训，使其了解头脑风暴法的内涵、原则和程序。

（2）头脑风暴阶段。

主持人公布会议主题，并介绍相关情况。与会者突破思维惯性，大胆进行联想，积极发言。主持人控制好时间，力争在有限的时间内获得尽可能多的创意性设想。

（3）评价与选择阶段。

对头脑风暴中提出的设想进行分类与整理，一般可将其分为实用型设想和幻想型设想。实用型设想是指如今的技术工艺可以实现的设想，幻想型设想是指如今的技术工艺还不能实现的设想。在对设想进行分类、评价的基础上选择最佳设想，也可对其进行二次开发。

（二）世界咖啡馆法

世界咖啡馆法是由华塔·布朗及戴维·伊萨克提出的一种在轻松的氛围中，通过弹性的小团体讨论产生团体智慧的方法。

1. 世界咖啡馆法的特点

（1）适合探讨有深层含义的话题，如主题的意义。

（2）产生结论不是必须的，侧重创意的产生和变化。

（3）聆听不同人的观点，获得启发，以重新连接、重新组合发现盲点，甚至产生全新观点。

2. 世界咖啡馆法的流程

（1）各桌分别推选一名桌长，由桌长组织讨论。参与者轮流发言后，桌长总结本轮研讨的主要观点，写在便利贴上。桌长留下，其他参与者随机抢座，分散到其他咖啡桌。

（2）桌长向新参与者扼要介绍本桌首轮会谈的主要观点。新参与者对新到咖啡桌的主题发表观点后，桌长总结本轮研讨的主要观点，写在便利贴上。桌长留下，其他参与者重新随机抢座，分散到其他咖啡桌。如此循环，直到完成计划的轮次。

（3）各位参与者回到自己一开始所在的咖啡桌，参考之前多轮会谈的结果，重新整理自己的设想。桌长分别汇报，将便利贴集中在白板上。所有参与者总结本次会议的主要观点。

3. 世界咖啡馆法的会谈礼仪

（1）紧扣主题，杜绝跑题。

（2）每人每次发言不超过2分钟，避免一言堂、开小会，杜绝有人不发言的现象。

（3）桌长负责组织、协调、记录、整理、介绍、汇报。

（4）严格管理好时间。

（5）声音不要太大。

（6）每桌不超过6人。

（三）六顶思考帽法

六顶思考帽法是英国学者爱德华·德·博诺开发的一个全面思考问题的方法。它提供了"平行思维"的工具，避免将时间浪费在互相争执上。

六顶思考帽法强调按顺序切换视角，形成有效的团体思考和讨论。六种颜色的帽子代表了六个不同的思考方向：白帽强调陈述事实；红帽专注于自身的直觉判断；黑帽从考虑方案的缺点出发；黄帽评估方案的优点；绿帽专注于提出问题的解决方案；蓝帽总结并做出决策。

（1）白色是中立而客观的。戴上白色思考帽，人们关注客观的事实和数据。

（2）红色是情感的。戴上红色思考帽，人们可以表达自己的情绪，还可以表达直觉、感受、预感等方面的看法。

（3）黑色代表否定。戴上黑色思考帽，人们可以运用否定、怀疑、质疑的方法合乎逻辑地进行批判，发表负面的意见，找出逻辑上的错误。

（4）黄色代表价值与肯定。戴上黄色思考帽，人们从正面考虑问题，表达乐观的、满怀希望的、建设性的观点。

（5）绿色象征勃勃生机。戴上绿色思考帽，人们发挥创造力和想象力，尽情提出新观点。

（6）蓝色是沉稳而冷静的。蓝色思考帽负责控制和调节思维过程。戴上蓝色思考帽，人们负责控制各种思考帽的使用顺序，规划和管理整个思考过程，并做出结论。

对六顶思考帽法的应用关键在于使用者用何种方式去排列帽子的顺序，也就是组织思考流程。六顶思考帽法不仅定义了思维的不同类型，而且定义了思考流程对思考结果的影响。六顶思考帽法不仅可用于团队协同思考，对个人同样拥有巨大价值。六顶思考帽法可以帮助我们设计思考提纲,按照一定的次序思考,让我们的头脑更加清晰,思维更加敏捷。

活动与训练

头脑风暴训练

假设你在网上开了一家出售本地特产的店铺,但竞争对手很多,你的店铺的销量和评分比不上他们的,怎样才能让消费者在众多店铺中注意到你的店铺? 请同学们开展小组头脑风暴,提出创造性的解决方案。

任务二 树立创业理想

一、了解创业政策

中央政府和各级地方政府高度重视青年创业，出台了很多支持大学生创业的优惠政策和扶持办法，涉及遴选项目、创业指导、创业培训、创业融资、税收优惠、开业等各个环节。有计划创业的同学要认真了解这些创业政策，把握好政策的风向标，走出创业的第一步。

（一）全国性大学生创业优惠政策

1. 实行税收优惠

持人社部门核发的就业创业证（注明"毕业年度内自主创业税收政策"）的高校毕业生在毕业年度内（指毕业所在自然年，即1月1日至12月31日）创办个体工商户、个人独资企业的，3年内以每户每年8 000元为限额依次扣减其当年实际应缴纳的营业税、城市维护建设税、教育费附加和个人所得税。高校毕业生创办的小微企业按国家规定享受相关税收支持政策。

2. 提供创业融资的政策优惠

国家提供创业担保贷款和贴息服务，符合条件的自主创业的大学生可在创业地按规定申请创业担保贷款，贷款额度为10万元。国家鼓励金融机构参照贷款基础利率，结合风险分担情况合理确定贷款利率水平。对个人发放的创业担保贷款，利率在贷款基础利率基础上上浮3个百分点以内的，由财政给予贴息。

3. 提供创业公共服务

国家为创业大学生提供创业公共服务。

（1）对大学生创办的小微企业新招用毕业年度高校毕业生，与之签订1年以上劳动合同并为之缴纳社会保险费的，给予1年社会保险补贴。对高校毕业生在整个毕业学年内参加创业培训的，根据其获得创业培训合格证书或就业、创业情况，按规定给予培训补贴。

（2）创业大学生在办理自主创业行政审批事项时，可以通过"绿色通道"享受联合审批、一站式服务、限时办结和承诺服务等。

（3）各城市取消高校毕业生落户限制，允许包括专科生在内的高校毕业生在创业地办理落户手续。

（4）免收有关行政事业性收费。毕业2年以内的高校毕业生从事个体经营（除国家限制的行业外）的，自其在工商部门首次注册登记之日起3年内，免收管理类、登记类和证照类等有关行政事业性收费。

（5）对自主创业、申报灵活就业的高校毕业生，各级公共就业和人才服务机构按规定提供人事、劳动保障代理服务，做好社会保险关系接续工作。

（6）对入驻创业园区的大学生创业企业提供房租补贴和配套指导服务。房租补贴政策重点针对都市型工业园区和创业园区。

4. 强化创新创业教育

（1）创业大学生可享受各地、各高校实施的"卓越计划"、科教结合协同育人行动计划等服务，同时可享受跨学科专业开设的交叉课程、进入创新创业教育实验班等。各高校要探索建立跨院系、跨学科、跨专业交叉培养创新创业人才的新机制。

（2）创业大学生可享受各高校的各类专业课程和创新创业教育资源，以及面向全体学生开发、开设的研究方法、学科前沿、创业基础、就业创业指导等方面的必修课和选修课；同时享受各地、各高校推出的资源共享的慕课、视频公开课等在线开放课程和在线开放课程学习认证、学分认定。

（3）创业大学生可共享各高校面向全体学生开放的科技园、创业园、创业孵化基地、各类实验室、教学仪器设备等科技创新资源和实验教学平台；可参加全国创新创业大赛，以及各高校成立的创新创业协会、创业俱乐部等社团，提升创新创业实践能力。

（二）地方性大学生创业扶持政策

下面以河南省为例，介绍地方性大学生创业扶持政策。

1. 鼓励参加创业培训

普通高校、职业学校、技工院校在校学生在校期间可以参加创业培训，并享受相应的培训补贴。创业培训旨在帮助具有创业愿望、创业能力、创业条件的人员学习创业技能，树立创业意识和市场竞争意识，掌握和了解企业创办及管理的基本知识。创业培训分为三个模块：创业意识培训、创办（改善）企业培训、创业实训。创业意识培训补贴标准为每人200元，创办（改善）企业培训补贴标准为每人1 000元，创业实训补贴标准为每人300元。申请人到当地就业创业培训定点机构参加培训。

2. 提供创业担保贷款

符合条件的高校毕业生可以申请创业担保贷款。具体要求是：持就业创业证、全日制大专以上（含大专）毕业证书，处于自主创业状态，且自主创业时不在机关、企事业单位就业的毕业5年内高校毕业生（除助学贷款、扶贫贷款、首套住房贷款、购车贷款以外，本人及配偶没有其他贷款）可以申请创业担保贷款。个人创业贷款最高10万元，合伙创业贷款最高50万元，小微企业创业贷款最高200万元。符合条件的申请人可到当地人社部门申请。

3. 大众创业项目扶持

鼓励高校毕业生在"互联网+"十大领域、战略性新兴产业、先进制造业和现代服务业创业,相关部门每年从各地推荐的创业项目中评选一批优秀项目,对每个项目给予2万元至15万元的资金扶持。符合条件的创业者可在网上申报,再到当地人社部门递交纸质材料,当地人社部门初审后提交至省人社厅。

4. 给予开业补贴

首次创业并正常经营1年以上的毕业5年内的普通高校、职业学校、技工院校毕业生及在校学生,毕业5年内留学回国人员可凭创业者身份证明及工商营业执照、员工花名册、工资支付凭证等资料申请5 000元的一次性开业补贴。符合条件的申请人可到当地人社部门申请。

5. 给予运营补贴

对大学生创办的实体在创业孵化基地内产生的物管、卫生、房租、水电等费用,3年内给予不超过实际费用50%的补贴,年补贴最高限额为10 000元。符合条件的申请人可到当地人社部门申请。

6. 开展创业交流和提供创业服务

鼓励高校毕业生参加创业大赛、创业讲座或创业技能培训等活动,实现创业信息交流;组织河南省大众创业导师为高校毕业生提供开业指导、企业诊断等综合性创业服务。毕业生可依照相关活动通知申请参加。

二、培育创业精神

(一)创业精神的内涵

拓展阅读5-1: 大学生"牛倌"的幸福"牛事"

创业精神是指在创业者具有开创性的思想、观念、个性、意志、作风和品质等,是创业的动力和支柱。创业精神是由多种精神特质综合作用形成的。

1. 创新是创业精神的灵魂

创业活动中的创新包括采用新产品、采用新技术、开辟新市场、控制原材料的新来源、采用新的商业模式等。没有创新的创业是不可能持久的。

2. 冒险是创业精神的特质

创业往往具有一定程度的冒险性。没有甘冒风险和承担风险的魄力,很难成为一名合格的创业者。

3. 合作是创业精神的精华

社会的发展伴随着分工的细化,创业需要创业团队成员分工协作,共同完成。为了实现共同的目标,大家精诚合作、团结一心,面对困难时也能同舟共济、奋力拼搏。

4. 执着是创业精神的本色

创业环境错综复杂、瞬息万变,创业的过程中必然存在各种艰辛与曲折。因此,创业者必须坚持不懈、持之以恒。

课堂活动

创业精神测试

你有没有问过自己:"我适合创业吗?"填写表5-1,如果你的回答是"一直如此",计5分;"不确定"或"偶尔",计3分;"从来不是",计1分。

表5-1　创业精神测试表

序号	问　　题	得　分
1	我很少受别人的评语或看法影响	
2	我对自己很满意	
3	我希望自己安排自己的生活,而不是让别人告诉我该怎么办	
4	我努力尝试实现自己的梦想	
5	我认真花时间思考自己想要成为什么样的人	
6	我知道我有很大的潜力,我对自己有信心	
7	遇到挫折时,我很快可以再振作起来	
8	无论年纪多大,我都认为自己永远有机会	
9	我时常学习新的知识和技能	
10	我擅长和别人合作	
11	我愿意听取不同的意见	
12	即使在很不乐观的情况下,我依然能保持头脑清醒	
13	我习惯很快做决定	
14	我不容易放弃	
15	在有压力的时候,我仍然相信自己	
16	我喜欢订立目标,然后全力以赴,努力达成	
17	我的生活很有条理	
18	我很真诚、谦虚	
19	我做事脚踏实地,而不妄想一步登天	
20	我对家人及朋友非常忠实,全力保持和他们的良好关系	

评分说明:

80分及以上:恭喜你,你的信心指数令人满意,你非常适合创业,并相对容易成功。不过有一点要注意,再自信、再聪明的人也不能保证不犯错误,不要忽略潜在的风险。

40~79分:你有很大的提升空间。要注意增强自信心,这样才能为创业创造更大优势。

39分及以下:你现在可能还不太适合创业,多积累知识,提升自己,当你的信心指数有所提高以后再创业,就会顺利很多。

(二)培养创业精神的基本途径

良好的创业精神是创业成功的前提条件,创业精神的培养可以从以下途径入手。

1. 积极认识学习创新创业知识的重要性

高校大多十分注重创业精神的培养,普遍开设创新创业相关课程,以帮助大学生树立必要的创业意识。不要以为临近毕业的时候才需要学习创新创业知识,从入学时开始就要持续加强相关学习。我们可以自觉培养创业意识,形成积极向上的创业观,具备开展创业实践活动的素质和能力,提高创业的成功率。

2. 在日常学习中感悟创业精神

为了提高大学生创业精神培养的实效性,高校大多正逐步完善创新创业教育课程体系,并逐步推进专创融合。我们要善于从不同类型课程的日常学习中领悟创新创业的真谛,比如在思想政治课程的学习中形成创业必需的意志品质和创业意识,在市场营销课程的学习中培养领导能力、团队合作能力等。

3. 参与创新创业校园文化活动

积极参与创新创业校园文化活动,如创业者校友联谊会、创业者协会、校园技能文化节等,可以获得更多与成功者交流的机会,增强创新创业的勇气与信心。同时,可以主动参加学校定期组织的与项目指导教师的交流,结合自身情况参加创新创业比赛,以获取更多交流经验、展示成果、共享资源的机会,感受创新创业文化。

4. 用好校内外创业平台

创业精神的培养需要必要的实践活动作为载体才能取得实效,我们可以利用学校、企业、社会提供的创业环境和平台,参与创业实践活动,在创业实践过程中锻炼创业必需的能力,使创业精神得到强化。比如,我们可以到校企合作基地去参观,进行岗位体验,充分发挥主观能动性,在实践中体会创业的艰辛,养成创业必需的坚强意志,深化创业精神,为今后的成功创业打下坚实基础。

(三)创业精神五要素

激情、积极性、适应性、领导力和雄心壮志是创业精神的五要素。

1. 激情

激情来自强大的内驱力和执着的信念。创业者需要保持真诚的态度和充沛的情感，并通过自己的感染力将发自内心的激情传递给别人。如果没有创业激情，就不会有强大的创业动力，就无法激发无限的创业活力，就难以实现持续性的发展。

2. 积极性

积极性是创业成功的原动力，在创业过程中有决定性作用。可以从以下几方面培养积极性：一是向你心目中的成功创业者学习；二是时刻心怀必胜的想法；三是用良好的感觉、信心与目标去影响别人；四是使他人感到自己重要、被需要；五是心存感激；六是学会称赞别人；七是学会微笑。

3. 适应性

适应性可以被定义为为变化做准备，并在变化发生时做出有效反应的能力和意愿。适应性的形成是一个持续的过程，并且受到组织环境和文化的影响。

4. 领导力

领导力就是指导和统率他人的能力。在创业过程中，创业者的领导力通常通过如下几个方面体现：一是活力，干劲十足，不屈服于逆境，不惧怕变化，不断学习，积极挑战；二是鼓动力，能激发他人的动力，善于表达；三是竞争力，要有竞争精神、自发的驱动力、坚定的信念，还要有勇气；四是实施力，能够将构想变成切实可行的行动计划，并直接领导计划的实施。

5. 雄心壮志

具有远大的理想和抱负，就要付诸相应的行动。雄心壮志是创业者应具有的。创业就是要心怀远大理想，做常人不敢做的事。

活动与训练

创业理想演讲

请以"树立我的创业理想"为题目，从你所了解的创业政策和创业精神入手写一份演讲稿，并进行演讲。

任务三　选择创业机会

一 分析创业环境

（一）应用 PEST 模型分析宏观环境

外部环境会对初创企业的生存和发展产生重要的影响。良好的外部环境是初创企业发展的保证。具体来说，创业的宏观外部环境包括政治和法律环境（political）、经济环境（economic）、社会文化环境（social）、技术环境（technological），简称 PEST，如图 5-5 所示。

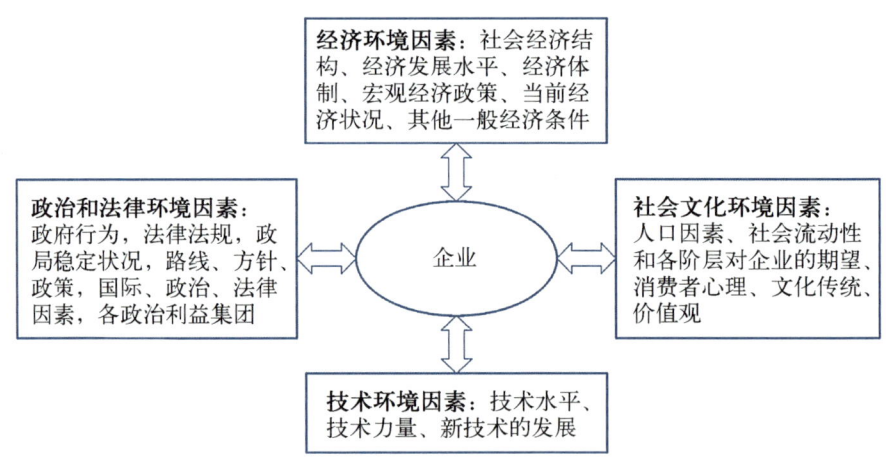

图 5-5　PEST 模型

1. 政治和法律环境

政治环境是制约和影响企业的各种政治要素及其运行所形成的环境系统。政府的政策往往会广泛、间接地影响企业的经营行为。政府常运用财政政策和货币政策实现对宏观经济的调控，并通过干预外汇汇率维持国际金融与贸易秩序。在开展创业之前，对政策的判断与预测十分重要。

法律法规对于规范市场和企业行为有着直接作用。在开展创业之前，要充分了解既有的法律规定，特别要关注那些正在酝酿之中的法律，这是企业在市场中生存的重要前提。

2. 经济环境

企业的经济环境是指企业面临的社会经济条件及经济的运行状况、发展趋势，产业结构,交通运输,资源等,是制约企业生存和发展的重要方面。企业的经营活动受国家或地区的经济发展水平的制约。一定的购买力水平是影响市场形成及其规模大小的因素,也会影响企业经营活动所处的直接经济环境。经济发展阶段不同,居民的收入不同,对产品的需求也不一样,这会在一定程度上影响企业的经营。

3. 社会文化环境

社会文化环境包括宏观和微观两个层面。宏观社会文化环境包括一个国家或地区的居民价值观念、文化水平、消费方式与习惯、宗教信仰、风俗习惯、审美观点等。微观社会文化环境包含与行业有关的消费倾向、消费结构、消费习惯和消费价值观等。

4. 技术环境

技术环境包括宏观和微观两个层面。宏观技术环境包括国家或地区的科技体制、科技政策、科技研究领域、科技成果的门类分布及先进程度、科技研究与开发的实力等。微观技术环境是指与本企业有关的科学技术的现有水平、发展趋势和发展速度等。

(二)应用波特"五力"模型分析中观环境

任何一个初创企业都必然归属于某个行业或某几个行业。通常,对初创企业所处的行业环境要关注两个方面,一是行业内的竞争程度和变化趋势,二是行业所处的生命周期。波特"五力"模型(图5-6)反映了初创企业应关注的行业环境因素。

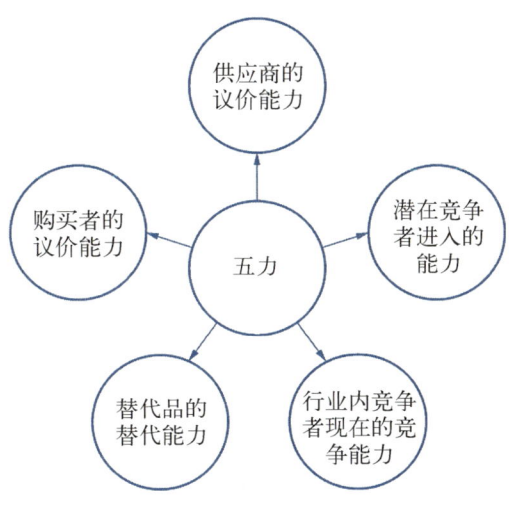

图5-6 波特"五力"模型

1. 波特"五力"模型的含义

波特"五力"模型是由迈克尔·波特于20世纪80年代提出的,经常被用于对竞争战略进行分析。"五力"分别指潜在竞争者进入的能力、行业内竞争者现在的竞争能力、替代品的替代能力、购买者的议价能力和供应商的议价能力。

波特"五力"模型可以被用来有效地分析中观环境,展现初创企业在整体产业、行业中所处的位置与面临的形势。这五种力量的强度决定了行业竞争的激烈程度,从而决定了企业的获利潜力。

2. 波特"五力"模型的分析要素

（1）潜在竞争者进入的能力。

潜在竞争者进入的能力主要取决于进入壁垒的高低，而进入壁垒的高低主要受规模经济、产品差异化、资本需求、客户转换成本、获得分销渠道及成本优势的影响。要减少潜在竞争者，可以采取措施提高进入壁垒。比如提高产品的差异化水平，使自己的产品和服务区别于其他企业的产品和服务，且不能轻易被模仿。

（2）行业内竞争者现在的竞争能力。

行业内竞争者之间竞争的激烈程度主要与行业特征、竞争者自身的情况及其采取的竞争行为有关。这方面的分析内容可被归纳为六大要素，即产业竞争结构、产业增长、产业生产能力、竞争者的差异化或转换成本水平、战略利益及退出壁垒。

（3）替代品的替代能力。

对替代品的分析，一是要确定哪些产品可以替代自己提供的产品，二是要判断哪些类型的产品可能会对自己造成威胁。波特认为威胁性较大的有两类替代品：一类是性价比高从而会排挤产业内原有产品的产品；另一类是由营利性强的产业所生产的相似产品，其能够压低同类产品的成本，对现有产品产生威胁。

（4）购买者的议价能力。

购买者的议价能力的高低主要与购买者的自身实力有关，包含五个要素：购买产品的数量及集中程度、所购买产品的差异化或转换成本水平、购买者对产品的依赖程度、产品对购买者的重要程度及产品后向一体化。

（5）供应商的议价能力。

供应商的议价能力主要取决于供应商在产业博弈中的相对优势，若供应商的实力强或者所提供的是产品的主要原材料，其话语权就会大大增强。供应商的议价能力包括五个基本要素：供应商产业的集中化程度、供应商产品的差异化或转换成本水平、产业对供应商的重要程度、供应商产品对客户业务的重要程度及产品前向一体化。

（三）应用SWOT分析法分析微观环境

1. SWOT分析法的内容

SWOT分析法是指综合考虑企业内部条件和外部环境的各种因素，对其进行综合、概括和系统评价，用来确定企业自身的竞争优势、竞争劣势、竞争机会和竞争威胁，将企业的战略与内部条件、外部环境有机地结合起来，从而选择最佳经营战略的一种分析方法。这里，S是指企业内部的优势，W是指企业内部的劣势（内部因素）；O是指企业外部环境中的机会，T是指企业外部环境中的威胁（外部因素）。

（1）内部优势与劣势分析。

优势与劣势分析是指企业内部的竞争力状况分析，包括企业的物质环境分析和文化环境分析。所谓竞争优势是指一个企业超越其竞争对手的能力，可以是消费者眼中一个企业或它的产品有别于其竞争对手的任何优越之处，如产品线的宽度，产品的质量、可靠性、适用性、风格，服务和态度等。

（2）外部机会与威胁分析。

环境机会是企业在某一领域中拥有的竞争优势，环境威胁是环境中不利的发展趋势所形成的挑战。微观外部环境因素包括市场需求、竞争和资源，以及与企业直接相关的政策、法律、法令等。

2. 基于SWOT分析法的战略选择

SWOT分析法能够在企业的各种战略选择中使用。表5-2显示的就是基于SWOT分析法所做出的战略选择。

表5-2　基于SWOT分析法的战略选择

项　目	优势（S）	劣势（W）
机会（O）	SO战略：发挥优势，抓住机会	WO战略：克服劣势，抓住机会
威胁（T）	ST战略：发挥优势，避开威胁	WT战略：克服劣势，避开威胁

（1）内部优势与外部机会相匹配。

内部优势与外部机会相匹配是最理想的状态，存在的风险较小，此时可通过两种方式强化内部优势：一是通过找出最佳的资源组合来获得竞争优势；二是通过提供资源来强化已有的竞争优势。在企业的外部环境能够提供较多发展机会的情况下，企业可以利用自身的内部优势来实施SO战略，即通过充分发挥自身优势，将外部机会转化为自身发展的动力。

（2）内部劣势与外部机会相匹配。

在内部劣势与外部机会相匹配时，可通过两种方式来权衡对机会的取舍：一是加强投资，将劣势转化为优势，开拓机会；二是把机会让给对手。所以，当企业的外部环境能够提供较多的发展机会，而企业自身缺乏竞争优势时，企业可以采取WO战略，即通过克服自身的劣势来尽力抓住外部机会。

（3）内部优势与外部威胁相匹配。

在内部优势与外部威胁相匹配时，有以下两种选择：一是通过重新构建组织资源来获得竞争优势，将威胁转化为机会；二是采取防守战略，抓住其他战略选择中有前景的机会。在企业外部环境中存在较大威胁的情况下，企业一般可以采取ST策略，利用自身的竞争优势来规避外部威胁。

（4）内部劣势与外部威胁相匹配。

内部劣势与外部威胁相匹配是最糟糕的状态，存在的风险最大。此时存在以下两种选择：一是主动进取，争取领先；二是主动放弃。在外部环境中存在较大威胁的情况下，企业存在劣势，一般可以采用WT策略，主要措施是规避外部威胁。

战略的选择往往不是非此即彼的。由于单一的战略只能解决一方面的问题，无法使企业同时适应外部市场变化和满足内部发展壮大的需求，多种战略相结合的复合型转型战略将是更好的选择。

发掘、识别和评估创业机会

要想获得创业的成功，就需要对创业进行精心的策划和准备。创业准备直接影响到创业的成败。发掘、识别和评估创业机会是创业准备的重要内容。

（一）创业机会的内涵

美国学者柯兹纳提出，创业机会是未明确的市场需求或未被充分使用的资源或能力。约瑟夫·熊彼特把创业机会定义为通过将资源创造性地结合起来，迎合市场需求（或兴趣、愿望）并传递价值的可能性。总而言之，创业机会是创造性地利用资源和能力满足市场需求、创造价值的可能性。

（二）创业机会的发掘

创业机会的发掘能力不是天生的，而是与创业者自身的认知水平、经验背景等因素有着密切联系，这种能力可以后天习得。创业机会可以通过以下四种方法进行发掘。

1. 逆流而上的问题法

生活中处处有发现，处处有机会。有时候，我们不是缺少创业机会，而是缺少发现机会的眼睛。我们要有发现"痛点"的意识，在生活中善于"找毛病"，勤于思考。对发现的小问题、小困难，通过自己的办法去解决，就可能挖掘出成功的创业机会。

 案例5-3

输液器指环的发明

一次，小项因生病到医院输液。在输液的过程中，他不小心身子一动，输液针头就滑了出来，又需要重新扎针。事实上，很多人在输液时也遇到过和他一样的麻烦。有时为了固定针头，在输液时，护士会在患者的手掌下方放上小木板，并用胶布把它和手掌缠在一起。缠得太松，针头容易脱落；缠得太紧，又可能造成血流不畅。

如何解决这个问题呢？小项从人们手上戴的戒指中获取了灵感：戒指一点儿也不影响手指活动，为什么不能把这个原理应用到输液器上呢？他找来一根较细的塑料管，切成一些指环大小的圆圈，然后用强力胶水把它固定在输液器下方粗导管和细导管的连接器上，做成了一个指环式固定器。输液时，在静脉针固定好后，再将指环套在指头上，这样，输液器的软管就不会移位，针头自然就更加稳固，不会脱落了。因为人的手指有粗有细，他又尝试着将指环剪断，留出一个缺口，无论是谁，都能轻松地把这个指环戴在任何一根手指上，塑料的材质也不会对手指产生任何挤压。戴上它，人们在输液时就不需要小心翼翼地行动了，手指可以弯曲，看书、喝水等都很方便。他将这一发明申请了专利，并且转让给了生产输液器的厂家，获得了不少报酬。

分析:

创业并非只有少数企业家才能进行的,我们在日常的学习、生活中处处都可以找到创业机会,关键在于我们是否有善于发现的眼睛。小项从输液时的不方便入手,参考戒指设计了输液器指环,实现了对生活中不方便的改善。

2. 迎风扬帆的趋势法

顺应事物发展的趋势创业,往往能取得事半功倍的效果。消费结构的升级、城市化的加速、思想观念的改变、政策的变革都可以成为我们创业依托的趋势,物联网、人工智能等方面的技术创新也非常值得我们创业时关注。

拓展链接 ▶ 最有前景的十大创业领域

1. 医疗健康

一方面,我国现在已经是中等收入国家,人们越来越重视健康;另一方面,我国已进入快速老龄化阶段,老年人口规模增大。这两个原因促使我国的医疗健康需求不断增大。

2. 教育

党的二十大报告指出,要办好人民满意的教育。进入新时代,我国继续加快建设高质量教育体系,发展素质教育,优化区域教育资源配置,教育行业会迎来更多发展机会。

3. 财富管理

在不同时代,金融业发展的重心不同。现在,人们进行财富管理的意识正在逐渐增强,使财富管理成为新的热门创业领域。

4. 安全

当今世界处于百年未有之大变局。党的二十大报告指出:"国家安全是民族复兴的根基,社会稳定是国家强盛的前提。"这对安全行业提出了更高的要求,也是安全行业发展的前景所在。

5. 新能源

从经济角度来看,能源是经济的血液,哪个国家在能源开发方面发展得快,就能在下一轮能源革命中掌握先机。从自然角度来看,我国强调"绿水青山就是金山银山",注重环境保护,要求积极开发新能源,逐步淘汰传统能源。

6. 大数据和人工智能

信息时代是大数据和人工智能的时代。大数据可以帮助人们大量收集并高效处理信息,在营销、医疗、影视、教育、金融等领域有大量应用。人工智能则在计算机领域得到了较广泛的应用,不仅能提高工作效率,还能代替人工操作。

7. 新材料

新材料是指新出现或正在发展,具有传统材料所不具有的优异性能、高质量和强稳定性的材料。很多国家都将新材料作为抢占新一轮国际科技经济竞争中制高点的重要抓手。

8. 泛文娱

伴随着国民收入的增长,我国人民的消费正在从满足衣食住行方面的基础物质需求向满足高阶精神需求方向升级,泛文娱产业就是其中的重要产业。

9. 生物技术

生物技术方面的一系列创新正加速向应用领域渗透,在解决人类发展面临的环境、资源和健康等重大问题方面展现出巨大潜力。

10. 老年用品和服务

目前,我国已逐步步入老龄化社会,老年用品和服务的市场需求不断增大,市场上专门为老年人设计的产品却寥寥无几,供需之间存在巨大的缺口,养老、医疗保健、旅游等领域的老年用品和服务亟待开发。

拓展阅读5-2:
用趣味视频为
家乡带货

3. 整而合之的组合法

组合就是把两个或多个看似不相关的事物"混搭"到一起,起到"1+1>2"的效果。组合的方式可以是功能的组合、形态的组合、合作的组合、渠道的组合等。比如,随着淘宝直播和抖音、快手等短视频App的火热,"直播+""短视频+"成为"互联网+"创业的风口,催生了一批"互联网+"新渠道组合的创业形式,比如直播私教指导、远程家教、无忧代购。

4. 突破惯性的颠覆法

颠覆式创新是指打破旧有的秩序,创造新的价值、新的规则、新的市场,取代旧的价值、旧的规则、旧的市场,让事物按照新的规则发展的活动。

(三)创业机会的识别

创业机会的识别是创业领域的关键问题。识别创业机会是反复思考和探索并将创意进行转变的过程,是一个不断调整、反复、均衡的过程。这一过程中,机会的潜在预期价值及创业者的自身能力将得到反复的权衡,创业者对创业机会的战略定位也越来越明确。识别创业机会,需要在仔细收集和认真研究市场信息的基础上,对以下内容进行分析。

1. 原始市场规模

原始市场规模是指创业机会形成之初的市场规模。原始市场规模决定了创业企业在创业初期的销售规模和利润。一般来说,原始市场规模越大越好。

2. 存在的时间跨度

任何创业机会都有时限,超过这个时限,创业机会就将不复存在。其存在的时间跨度越长,创业企业抓住机会、调整自身以实现发展的时间就越长;其存在的时间跨度越短,创业企业抓住机会的可能性就越小。

3. 市场规模随时间增长的速度

创业机会的市场规模随时间增长的速度决定了创业企业的成长速度。在一般情况下两者成正比。

4. 是否具有可实现性

创业机会对创业者而言应是可实现的。在一般情况下,要看创业者是否具备以下条件:拥有利用该创业机会所需的关键资源;遇到较强大的竞争者时能与之对抗;能创造并占领大部分新市场;能承担创业机会带来的风险。

案例5-4

卖水的淘金者

在淘金大潮来临之前,菲利普·亚默尔像他的祖辈一样兢兢业业地开垦田地,依靠微薄的收入维持生活。当加利福尼亚州发现金矿的消息传来,众人纷纷抢抓这个千载难逢的发财机会,背井离乡,加入了淘金的大潮,菲利普·亚默尔也是其中之一。

几年过去了,菲利普·亚默尔虽然经受了炎热干燥的天气和饥渴的折磨,不遗余力地工作,但与大部分淘金者一样一无所获。这时,菲利普·亚默尔生出了另一个想法,他将远处的河水引入近处的水池,过滤之后用水瓶装好,卖给那些淘金者。

他的举动引起了众人的嘲笑:"千里迢迢跑来加利福尼亚州,为的是淘到金子,这种蝇头小利的生意在哪儿不能做?""作为年轻人,不干点大事业,做这种小本买卖多没出息!""放着现成的金子不淘,却去卖水,简直是本末倒置!"

菲利普·亚默尔一句反驳的话都没说,只是一心一意地卖水。又过了几年,淘金热渐渐冷却,绝大部分人空手而归,菲利普·亚默尔却靠卖水赚取了大笔资金。

分析:

菲利普·亚默尔和其他淘金者的区别在于,他不是盲从群体,而是根据所处的环境另辟蹊径,找到了淘金之外的、更具有可实现性的创业机会——卖水,从而取得了创业成功。

思考与讨论

看看你所处的生活、学习环境,其中有哪些创业机会是有可能利用的?

(四)创业机会的评估

评估创业机会需要采取科学的方法。一方面,可以从收益-成本框架出发评价创业机会的价值创造潜力,判断所发现的创业机会值不值得追求;另一方面,可以从个体-创业机会框架出发评价创业机会的价值实现的可能性,判断个体能否真正实现创业机会的价值。

美国学者蒂蒙斯提出的创业机会评价基本框架(表5-3)是比较完善的创业机会评价指标体系。蒂蒙斯认为,创业者应该从行业和市场、经济因素、收获条件、竞争优势、管理团队、致命缺陷、个人标准、理想与现实的战略差异8个方面评价创业机会的价值潜力,并围绕这8个方面设计了53项指标。

表5-3 蒂蒙斯的创业机会评价基本框架

评估框架	评 估 因 素	评估得分(5分制)
行业和市场	(1)市场容易识别,可以带来持续收入; (2)顾客可以接受产品,愿意为此付费; (3)产品的附加价值高; (4)产品对市场的影响力大; (5)产品生命长久; (6)所在的行业是新兴行业,竞争不激烈; (7)市场规模大,销售潜力达到1 000万元; (8)市场增长率在30%~50%,甚至更高; (9)现有厂商的生产能力几乎完全饱和; (10)在5年内能占据市场中的领导地位; (11)拥有低成本的供货商,具有成本优势	
经济因素	(1)达到盈亏平衡点所需要的时间为1.5~2年; (2)盈亏平衡点不会逐渐提高; (3)投资回报率在25%以上; (4)项目对资金的要求不是很高,能够获得融资; (5)销售额的年增长率高于15%; (6)有良好的现金流量,占销售额的20%~30%; (7)能获得持久的毛利,毛利率达到40%; (8)能获得持久的税后利润,税后利润率超过10%; (9)资产集中程度低; (10)运营资金不多,需求量是逐渐增加的; (11)研究开发工作对资金的要求不高	

评估框架	评 估 因 素	评估得分（5分制）
收获条件	（1）项目的附加价值具有较大的战略意义； （2）存在现有的或可预料的退出方式； （3）资本市场环境有利，可以实现资本的流动	
竞争优势	（1）固定成本和可变成本低； （2）对成本、价格和销售的控制程度较高； （3）已经获得或可以获得对专利所有权的保护； （4）竞争对手尚未觉醒，竞争力较弱； （5）拥有专利或具有某种独占性； （6）拥有发展良好的网络关系，容易签订合同； （7）拥有杰出的关键人员和管理团队	
管理团队	（1）创业者团队是优秀管理者的组合； （2）行业和技术经验达到了本行业内的较高水平； （3）管理团队的正直廉洁程度达到了较高水平； （4）管理团队知道自己缺乏哪些方面的知识	
致使缺陷	不存在任何致命缺陷	
个人标准	（1）个人目标与创业活动相符合； （2）可以做到在风险有限的前提下实现成功； （3）可以接受薪水减少等损失； （4）渴望进行创业，而不只是为了赚大钱； （5）可以承受适当的风险； （6）在压力下状态依然良好	
理想与现实的战略差异	（1）理想与现实情况相吻合； （2）管理团队已经是最好的； （3）在客户服务管理方面有很好的理念； （4）所创办的事业顺应时代潮流； （5）所采取的技术具有突破性，替代品或竞争对手较少； （6）具备灵活的适应能力，能快速地进行取舍； （7）始终在寻找新的机会； （8）定价与市场领先者的定价几乎持平； （9）能够获得销售渠道，或已经拥有现成的网络； （10）能够允许失败	
评估结果		

在现实创业活动中，创业者不太可能一一按照框架中的指标对创业机会做出评价，而仅会选择其中某些指标来判断创业机会的价值。要注意选择对创业项目和所在行业而言最为重要的指标进行分析。

活动与训练

构思创业项目

（1）每5～7名同学为一组，发散思维，每位同学提出3个创业想法，将其罗列出来。

（2）每位同学分别对自己的3个创业想法进行比较，选择一个最好的，独立思考，画出创意或者方案草图，在小组内做60秒演讲。

（3）小组投票选出最优方案，利用表5-4初步评估这一创业机会。

表5-4 创业机会的初步评估

创业机会：

市场规模：

门槛限制：

产品或服务构想：

竞争对手：

成本结构：

资金需求：

评估结论：

认识创业团队

（一）创业团队的概念与特征

1. 创业团队的概念

创业团队是在创业初期，由一群才能互补、责任共担、愿为共同的创业目标而奋斗的人组成的团队。

2. 创业团队的特征

（1）目标明确：只有具备一个明确的目标，所有成员才会齐心协力，使团队发挥出最大的潜能。

（2）能力互补：成员之间在思维、技能、资源上互补，能避免团队出现短板，使得团队更有战斗力。

（3）凝聚力强：凝聚力是成员对团队的认同感、归属感，一盘散沙是无法发挥团队作用的。

（4）创造价值：为哪些人创造价值、创造什么价值等体现了创业的愿景、方向和初衷。对创造价值的追求是团队成员成就感的最大来源。

（5）沟通通畅：良好顺畅的沟通是团队成员之间信息共享、问题讨论、有效决策的必要条件，能营造团队成员之间互相关注、支持，同舟共济的氛围。

（6）长期承诺：长期承诺是富有责任感的表现，没有责任感的团队很容易瓦解。

（7）成果共享：经营成果既包括股权分红、薪酬奖励等有形的回报，又包括市场份额、品牌价值、资源渠道等无形的回报。成果共享会激励团队成员更加团结努力。

（8）股权分配合理：公平合理的股权分配方式能避免未来的纷争，解决什么人参与分配、如何分配、如何设计退出机制等问题。

（二）创业团队的类型

创业团队分为三个类型：星状创业团队、网状创业团队和由网状创业团队演化而来的虚拟星状创业团队。

1. 星状创业团队

这种团队中有一个核心人物，在团队形成之前，核心人物就有了创业的想法，然后根据自己的设想进行创业团队的组建。

这种创业团队组织结构紧密,向心力强,核心人物在组织中的行为对其他个体影响巨大,决策程序相对简单,组织效率较高,但容易形成权力过分集中的局面,从而使决策失误的风险加大。当其他团队成员和核心人物发生冲突时,核心人物的特殊权威往往使其他团队成员处于被动地位,在冲突较严重时,其他团队成员一般会选择离开团队。

2. 网状创业团队

这种创业团队的成员在创业之前一般都有密切的关系,比如同学关系、亲友关系、同事关系,一般都是在交往过程中,共同认可某一创业想法,并就创业达成共识以后开始共同创业的。这种创业团队没有明确的核心人物,大家根据各自的特点进行自发的组织角色定位。在企业初创时期,成员扮演的基本上都是协作者或伙伴角色。

这种创业团队没有明显的核心人物,整体结构较为松散。组织决策时,一般采取集体决策的方式,通过大量的沟通和讨论达成一致意见,因此决策效率相对较低。团队成员在团队中的地位相似,因此容易形成多头领导的局面。当团队成员之间发生冲突时,一般都采取平等协商、积极解决的态度解决冲突,团队成员不会轻易离开。

3. 虚拟星状创业团队

这种创业团队是由网状创业团队演化而来的,是前两种团队的中间形态。团队中有一个核心人物,但是该核心人物地位的确立是团队成员协商的结果,因此核心人物在某种意义上说是整个团队的代言人,而不是主导型人物,其在团队中的行为必须充分考虑其他团队成员的意见,不像星状创业团队中的核心人物那样有权威。

不同类型创业团队的优缺点见表5-5。

表5-5　不同类型创业团队的优缺点

类　型	优　点	缺　点
星状创业团队	组织结构紧密,向心力强; 核心人物充当领军角色; 决策程序相对简单,组织效率较高	容易形成权力过分集中的局面,从而使决策失误的风险加大
网状创业团队	成员地位相似,便于沟通和交流; 成员关系密切,较易达成共识; 成员不会轻易离开	团队缺少核心,结构较为松散; 组织决策效率较低; 容易形成多头领导的局面
虚拟星状创业团队	核心人物地位的确立和重大决策是团队成员协商的结果,决策相对科学	核心人物在团队中的行为必须充分考虑其他团队成员的意见,权威性弱

二　定位创业团队的角色

创业项目能否成功关键要看创业团队,要看团队成员能否实现优势互补,有效突破单个创业者在能力、经验、资源等方面所受到的限制,为创业项目的成功奠定基础。

团队角色是指一个人在团队中某一职位上应该遵守的行为模式。创业项目的成功需要团队成员之间的密切协作，而团队成员之间密切协作的基础是他们之间能够形成良好的人际关系，能够在性格上互补，团队角色和谐。所以，创业团队负责人必须认真了解每个团队成员的人格特征，分析他们的角色倾向，然后根据每个成员的专业技能、资历及能够给团队带来的贡献，确定好每个团队成员的角色，实现创业项目的成功。

（一）创业团队中的角色

从唐僧师徒看创业团队角色

唐僧的取经团队是如何分工协作、克服困难，一起走向成功的？

团队中占主导地位的角色是唐僧。他是团队的核心人物，有宏大的理想，坚定执着地为达成团队目标而奋斗。只有这样的人才能让其他团队成员信服。唐僧可谓担任公司的首席执行官（CEO）的绝佳人选，他在团队成员的分工、奖惩制度和文化建设等方面表现得相当出色。

孙悟空师从菩提老祖，有着过硬的学历背景，在天庭、花果山有过丰富的工作经验，神通广大，个人技术能力极强，会七十二般变化，无论是刀山火海还是上天入地，任何难关都阻挡不了他。他适合一心研发技术和产品，是公司里可靠的首席运营官（COO）兼首席技术官（CTO）。

猪八戒平时嘻嘻哈哈，但他性格圆滑，八面玲珑，特别会做人。猪八戒是团队的销售部经理和公关经理。把这种人放出去开拓市场、提升销售量是最好的，他能够凭借自己的人格魅力和复杂的人际关系把销路打开，对于公司利润的提升有很大帮助。

取经团队里最不起眼的人物就是沙僧了，殊不知他起到了调和团队的重要作用。沙僧从来不和其他成员关系不和，而且每次有人提出想散伙，都是他劝大家不要放弃；每次孙悟空与猪八戒、唐僧闹矛盾，也都是他劝架。性格老实、任劳任怨的沙僧担任公司首席财务官（CFO）和后勤部经理绰绰有余。遥遥取经路上，他一直精打细算，把行李物品收拾得妥妥当当，解决了大家的后顾之忧。

分析：

创业非常不容易，唐僧团队的成功主要得益于合伙人选得好，师徒四人各司其职、各显其能，这才取得最终的胜利。创业团队要有不同的角色分工，各司其职，协调配合，才能取得成功。

1. 领导者

领导者是创业团队的领头人，一般由项目发起人担任。很多领导者自己提出了优秀的创业设想，找到了合伙人和创业资源，从而组建起了创业团队。也有的领导者并非项目发起人，而是因为在创业过程中显示了出众的才干和素质而成为领导者的。

创业团队的领导者必须头脑清楚，有清晰、完善的创业构想和计划，善于凝聚团队成员,增强团队认同感,有领导才能,这样才能带领创业团队不断向前发展。

2. 创新者

创新者技术能力强,有较强的创造力,善于开拓新思路、提出新观点和建议,是创业团队的依靠力量、创业项目取得成功的基石。

3. 协调者

协调者角色最重要的职能是在团队中解决人际关系问题,这对于他们来说是性格和处事习惯使然。他们能平衡团队内所有成员的位置、利益、想法、做事方式及关系,使团队能够整体向前发展、团结有效地完成各种任务。对于创业团队来说,协调者角色的存在弥补了公司领导过分关注业绩而常常忽略凝聚团队、发挥团队精神的缺失,这也是他们在组织里的重要性和价值所在。

4. 执行者

领导者把握的是整体的动向,执行者把握的是细节上的问题。如果没有执行者去完成领导者制订的团队工作计划,成员在项目推进过程中得过且过,敷衍了事,在问题面前相互扯皮和推诿,会给创业项目造成无法挽回的损失,甚至导致项目中途夭折。

最佳创业团队成员的特点可以概括为"三个一致"与"三个互补"(图5-7)。

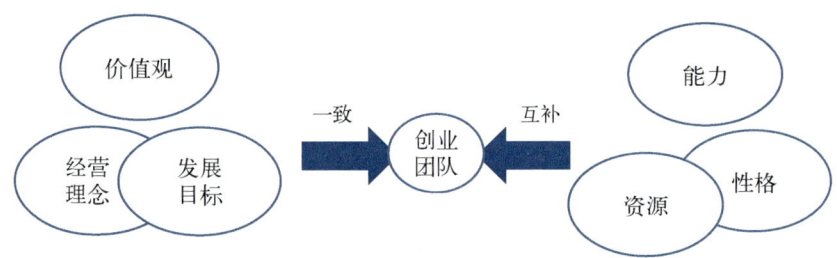

图5-7 最佳创业团队成员的特点

(二)如何寻找合适的创业团队成员

1. 确定创业战略

首先要确定创业战略,在没有清晰的创业战略时,不要大规模组建创业团队。战略和人力资源是相匹配的,在方向确定之前,如果大范围招聘创业团队成员,一旦战略调整,会对人力资源产生重大影响,不仅加大了成本,还会影响团队成员的信心。

2. 确定商业模式

商业模式与人力资源也是相匹配的,商业模式在前,人力资源在后。需要在对商业模式的各个要素,如客户、产品、渠道、资源、合作伙伴、收入模式等进行有效探索之后,再开始招募创业团队成员。

3. 明确标准

选择合适的团队成员的通常有三个标准。

第一,他们愿意做什么。这关乎招募对象的态度和意愿,体现了他们自己的选择,往往是兴趣导向的。

第二,他们适合做什么。这关乎招募对象的特质,例如精神领袖一般都具备好奇、敢于挑战、勇敢、坚强等特质;而执行领袖会关注细节、过程、程序等;技术领袖则相对安静,喜欢分析,思维敏捷。

第三,他们能够做什么。这关乎招募对象的能力特征,例如精神领袖需要具备战略设计和分析能力;执行领袖需要具备计划、执行、协调与管控能力;技术领袖需要具备技术逻辑、架构、项目管理能力。

4. 主动寻找

要主动出击,首先要了解这个行业和领域中的人才有哪些,他们在什么地方,有什么人际关系,通过一些技巧接触、认识、了解他们,比如参与创业项目分享会,借助天使投资人或孵化器的资源获得靠谱的人选推荐。

5. 磨合与观察

寻找到合适的人选并不等于万事大吉,任何团队都要在实际工作中经历磨合才能顺畅合作。有效的做法是设置试用期,让大家一起来设计一个项目,所有人都可以在行动中全方位地评估该人选。实践是最好的检验方法。

三、塑造团队文化

团队文化是创业团队的灵魂。好的团队文化可以让团队成员轻松、快乐地工作,大家相互帮助、彼此信任,有共同的奋斗目标,团队的凝聚力和创造力会得到极大的激发。

(一)培养团队精神

要发挥团队的优势,核心在于团队成员在工作上加强沟通,在团结协作中实现优势互补,发挥积极协同效应,产生"1＋1＞2"的绩效。在对待团队事务的态度上,团队精神表现为在自己的岗位上尽心尽力,为了整体的和谐甘当配角,自愿为团队的利益放弃自己的私利。

1. 培养主动性

形成积极向上的团队文化,需要每个团队成员都饱含激情、有创造性地开展工作,从而形成热情向上、勤勉奋斗、善于创新的创业团队。这就需要培养团队成员做事的主动性,绝不能让懈怠拖垮团队的发展。

2. 培养敬业精神

团队成员必须有敬业精神,才能把团队的工作当成自己的事,发挥自己的聪明才智,为实现团队的目标而努力。作为团队的一员,个人的得失荣辱是与团队、集体联系在一起的。这就要求成员有意识地融入团队,想方设法完成个人承担的任务,对什么事都认真对待。

3. 培养合作精神

个人的价值只有在团队中才能得到

体现。第一,要学会与人合作,主动与人交流、协商,学会倾听,不能固执己见。第二,要宽容,正确看待团队中的每个成员,多看别人的长处,不刻意地挑别人的毛病。第三,要对其他团队成员有足够的尊重,多一些表扬、肯定,这是人际交往的需要,也是团队和谐的基础。

4. 培养全局观念

团队中的每个成员都必须有全局观念,考虑团队的需要,互相帮助、互相照顾、互相配合,为实现团队的目标而努力奋斗。工作中出现了问题,要主动想办法解决,绝不能作壁上观。

(二)选择优秀的团队管理者

形成优秀的团队文化需要有优秀的管理者。每个管理者都有自己的性格特点和做事风格,这些都会对团队文化的形成产生一定的影响。在塑造团队文化时,要选择适合团队发展的管理者。比如说,性格被动的领导者不适合带团队冲锋陷阵。

(三)加强团队制度建设与管理

1. 建立奖惩制度

为团队建立公平、透明、严谨的奖惩制度,有效规范成员的行为,激发成员的工作热情和创造性,防止纪律松散给团队造成损失。

2. 设置目标

为团队的发展设置一个目标,可以是短期目标,也可以是长期目标,或者制订一份发展规划,以此指导成员开展工作。

(四)管理成员情绪

团队成员性格各异、能力不同,工作中难免会出现各种摩擦。我们要学会管理自己的情绪,学会和不同的同事和平相处,实在无法控制情绪的时候,要找到合适的渠道宣泄。领导者也要适时引导团队成员避免产生摩擦、消除矛盾。

(五)培养创新精神

要大胆创新,不怕犯错,对所研究的事物持怀疑的态度,坚持不懈地探索。领导者要注重激发团队成员钻研、探索的精神,培养团队成员的创新精神。

活动与训练

组建创业团队

请从爱迪生、诸葛亮、武则天、林黛玉、李逵、牛顿、李时珍中选出3～5人组成你的创业团队,并给出选择团队成员的理由。

项目六

创业实践
——只有跳进水里才可能学会游泳

任务一	进行创业项目展示
任务二	经营初创企业
任务三	防范创业风险

　　毕业后通过创业实现个人价值是很多同学的梦想和追求。他们在学生时期就产生了创业想法，感觉时机成熟，就开始对创业思路进行评估，制订创业计划书，并进行具体的操作，进入创业初期。但初创企业各方面都不完善，面临产品不成熟、团队不成熟、市场不成熟、内部人员需要磨合、缺少有效的管理制度等一系列问题。初创企业的首要目标是提高生存能力，好好地"活下去"。

　　为了实现让初创企业"活下去"的首要目标，创业者必须更深入地研究市场、研究客户、研究对手，完善自己的产品与服务，开展更加有效的市场营销。初创企业的员工要在领导的带领下，全员重视并参与企业的危机管理与风险管控，防范企业因应对危机与风险不善或经营管理不善而"夭折"。

　　本项目将给同学们提供开展创业实践所需的知识、行动步骤和具体方法，帮助同学们在创业中提高效率，少走弯路，规避风险。

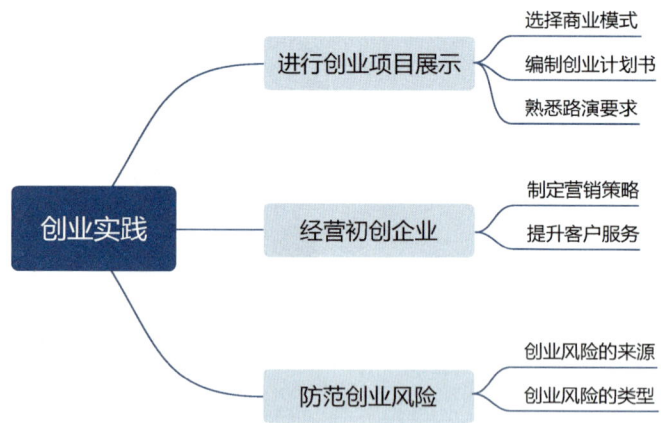

任务一　进行创业项目展示

一　选择商业模式

（一）商业模式的内涵

商业模式是为实现客户价值最大化，把能使企业运行的内外各要素整合起来，形成一个完整的、高效率的、具有独特核心竞争力的运行系统，并以最优实现形式满足客户需求、实现客户价值，同时达成持续盈利目标的整体解决方案。通俗地说，商业模式就是企业通过什么途径赚钱。它描述了企业所能为客户提供的价值，以及企业的内部结构、合作伙伴网络和关系资本等用以实现这一价值并产生可持续盈利的各种要素。

拓展阅读6-1："小而美"商业模式引领行业新风尚

（二）商业模式画布

1. 商业模式画布的含义

商业模式画布是帮助创业团队分析如何创造价值、传递价值、获得价值的基本工具。它将商业模式的元素标准化，并强调元素间的相互作用。

一个完整的商业模式包括四个视角和九个模块，四个视角分别是为谁提供、提供什么、如何提供、成本和收益是多少，九个模块分别是客户细分、价值主张、渠道通路、客户关系、核心资源、关键业务、重要伙伴、成本结构、收入来源。商业模式画布的范例如图6-1所示。

2. 商业模式画布的九大模块

（1）客户细分。

客户是一个商业模式的核心，有了客户，企业才有发展的根基。客户细分就是要找到你服务的对象，因为没有一家企业能够满足所有客户的需求。创业团队需认真思考并谨慎选择要服务的细分客户群体，以及忽略哪些客户群体。

（2）价值主张。

价值主张是指你的产品或服务解决了客户的什么关键问题，为客户创造了什么核心价值。好的价值主张是基于对客户的理解形成的，设计价值主张时应尽量从客户的角度去分析对他们而言最重要的刚需，关注客户最期待获得的收益。

（3）渠道通路。

渠道通路指的是通过什么渠道与客户建立联系并传递价值主张，简单地说，就是你如

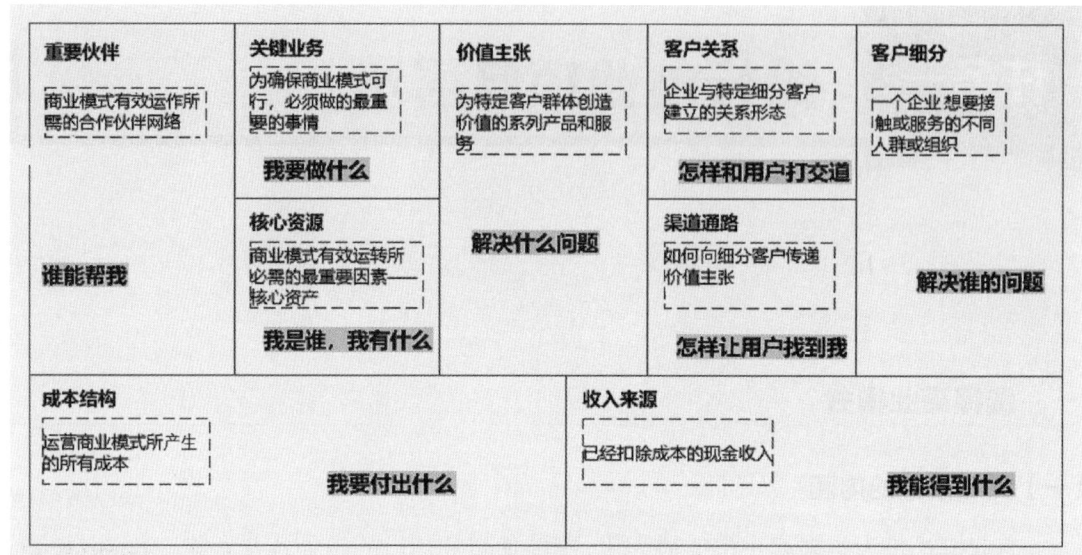

图6-1　商业模式画布

何把产品交到客户手里,客户在哪里可以获得你的服务,你如何建立与客户的联系,你的客户更喜欢通过哪种渠道与你联系。

（4）客户关系。

客户关系指的是你和客户如何建立并维持关系。建立客户关系的目的通常包括开发新客户、维护老客户、增加单个客户的购买量。常见的客户关系的交互方式包括销售人员对应服务、专属客户经理服务、客户自助服务、建立用户社群、和客户共同开发创造等。

（5）核心资源。

核心资源描述的是如何保证一个商业模式顺利运行,使得价值主张能够被顺利传递给客户。核心资源主要包括以下四方面内容:① 实体资源,比如设备、店面;② 智力性资源,比如专利、版权、品牌;③ 人力资源,比如科研人员、销售人员;④ 财务资源,比如现金、股票、期权、贷款。

（6）关键业务。

关键业务描述的是一个企业必须采取什么具体的行动让价值主张被传递给客户,简单地说,就是你需要做什么。

（7）重要伙伴。

没有一个企业能脱离合作伙伴而孤立地存在于市场中。重要伙伴是指商业模式运作过程中需要与之开展合作的各类伙伴,如经销商、供货商。

（8）成本结构。

成本结构是指在运作一个商业模式的过程中发生的所有成本的总和,产品研发费用、员工工资、场地租金等都是商业模式可能产生的成本。

（9）收入来源。

收入来源是指你从客户处获得的销售收入,简单来说,就是你可以赚到哪些钱。

二　编制创业计划书

创业家和风险投资家盖伊·卡维萨基曾说："一旦创业团队将创业计划写到纸上,那些希望改变世界的天真想法就会变得实实在在且冲突不断。因此,创业计划书本身的重要性远不如形成这份创业计划书的过程的重要性。即使你并不试图去融资,你也应当准备一份创业计划书。"

(一)什么是创业计划书

创业计划书是企业创建、经营管理、战略布局及融资等的蓝图,更是企业的行动纲领和运行方案,是全面介绍企业和项目运作情况,阐述产品市场及竞争、风险等发展前景和融资要求的书面材料。创业计划书是创业的行动向导和路线图,可以为创业者开展创业活动提供指导,也可以为创业者寻找创业资源提供基本依据与决策参考。

创业计划书有以下几个功能:帮助创业者理清创业思路;向投资人推介企业,帮助寻找创业合伙人、吸纳资金,将企业做大做强;阐明企业发展的投资战略,帮助投资人进行战略布局和调控;帮助整合企业运行各关键环节涉及的资源,在保证质量和效益的前提下最大限度地减少成本;完善企业文化,形成共同价值观。

创业计划书的需求方主要有两个:一是企业内部人员,如创业者、初创企业管理人员,创业计划书是向他们展示企业发展愿景的重要工具;二是企业外部人员,如合伙人、资金提供方等,创业计划书可以帮助他们了解项目发展现状、产品销售情况、产品创新情况、创业团队管理情况、企业未来发展潜力等。

(二)创业计划书的撰写

撰写一份好的创业计划书是所有创业团队共同追求的目标,投资人在进行投资前也要对创业计划书进行科学、严谨的专业评估和背景调查,因此,创业计划书的内容与格式能否通过投资人的评估是创业者能否获得投资的关键所在。

创业计划书的内容由以下部分组成。

1.封面与目录

创业计划书的封面既要专业,又要提供联系信息。要在封面上用一句话概括你的创业项目是什么,能给客户带来什么价值,比如"30分钟快速超市""国内量子点薄膜批量供应的开拓者和领导者"。如果使用图片,所选取的图片一定要和创业项目直接相关,让人一看就知道项目是哪个领域的。清晰的目录能够让人迅速找到想看的内容。

2.执行摘要

执行摘要是创业计划书重要的纲领性前言,也是投资人最想看的部分。它涵盖了创业计划书的精华,相当于浓缩版的创业计划书。好的执行摘要要用简洁的语言对以下信息做简单的介绍:市场机会和痛点需求,企业的使命,产品,核心技术,现阶段已取得的业绩和资源,未来的企业愿景,产品研发、财务、团队建设和融资等方面的计划。不宜过多地写复杂的技术原理,而应该着重写产品的应用效果、应用场景、能为用户带来什么核心价值。

3. 市场分析

这部分要告诉投资人你创办这家企业的原因,描述企业所在行业的市场状况、市场规模、预期增长速度、目标客户、竞品。对投资人而言,要让他们确信市场是巨大的,而且增长迅速。

(1)市场容量。

市场容量是投资人最关心的问题,包括:有多少客户愿意为你的产品付多少钱;市场规模有多大,发展有多快,是集中的市场还是分散的市场;目标市场是哪个细分市场;等等。

(2)目标客户。

需要向投资人展示目标客户是谁,他们在哪里,为他们提供的重要价值是什么,也就是从你的目标客户身上找到共同的特征,如年龄、爱好、受教育程度、生活环境、收入水平、特殊偏好等。

(3)竞品分析。

这里要体现的是你是否研究过你的竞争对手。一般需要找三个竞争对手,针对每个竞争对手分析其竞争态势,确认竞争对手信息,包括竞争对手在哪,它们处在哪个发展阶段、所占市场份额、市场策略、它们的优势和劣势、没有涉及的细分市场中有哪些空白、最近的市场变化趋势等,同时认真比较自己的企业与竞争对手的产品在价格、质量、功能、服务等方面有何不同,解释你为什么能够赢得竞争。

(4)产品介绍。

撰写产品介绍时要解决两个问题:一是企业的目标客户有什么需求没得到满足;二是企业的产品会给目标客户带来什么价值。

在撰写这部分的时候,要列举企业当前提供的产品类型,以及将来的产品研发计划,阐述你提供的产品与市场中的其他企业的差异化特质,以及这些差异化特质将如何帮助你保持战略优势,包括技术创新、成本、质量、功能、可靠性和价格等方面的优势。此外,还需要通过以下几个方面向投资人证明你的产品正在取得实质性进展:① 产品开发,如你的产品开发到了什么阶段,是否已经投入市场;② 生产制造,如你是否有成熟的生产制造伙伴;③ 早期用户和营收,如你是否已经获得了早期用户,获得了多少用户,企业的增长速度有多快,是否已经创造了营收,有没有典型的销售案例;④ 客户证言,如你的企业的产品是否得到了客户积极正面的评价,有没有知名度高的样板客户;⑤ 合作伙伴,你的企业是否与知名企业建立了合作伙伴关系;⑥ 知识产权,如你的企业有多少专利,你的企业注册了哪些商标;⑦ 媒体报道,你的企业被哪些知名媒体报道过。

4. 创业团队

创业团队是决定投资人投资与否的关键因素之一。一个创业团队最好具备这样的条件:有相关行业的成功经验,有明确的核心人物,有合理的股权结构,有团队执行力。创业团队成员的介绍不用写很多,关键是展示相关的成功经验。你的目标是用三到五句话证明团队成员价值观一致、能力互补,而且以往的工作履历足以证明他们都能胜任所在的关键岗位。

5. 营销策略

你计划采取哪些营销策略获得客户? 你需要问自己下面这些问题:① 你打算通过哪一类媒体来让用户了解到你的产品;② 你的销售渠道如何构建,比如通过终端门店、经销商代理、电商平台、移动终端等构建;③ 你有哪些产品促销策略,比如免费体验、打折促销、返券返现、额外赠送、有奖活动、竞赛活动、公益活动;④ 你是否计划寻求合作伙伴;⑤ 你如何提高品牌的知名度。

6. 商业模式

这部分要写清楚你的商业模式到底是什么,你是如何挣钱的,从什么类型的客户处实现了多少收入,利润如何。初创企业资源很少,竞争又很激烈,商业模式如果太多元,创业团队就会分心。初创企业如果设计多元化的商业模式,很容易被投资人认为不现实。

7. 融资计划

这部分主要写重要的财务数据,如收入、净利润、投资回报率等。收入预测是创业计划书中的一个重点,预测的时期不能太长,要努力把近三年的情况预测得客观和准确。要写清楚融资金额和出让股份的比例,以及融资的主要用途,比如开拓市场或引进技术人员。

8. 未来规划

这部分应该让投资人了解以下几个方面的内容:① 你未来计划推出哪些新产品;② 这些新产品将如何进一步完善目前的产品矩阵;③ 你是否打算向新的区域或新的客户扩张;④ 未来三年的客户数量、市场份额、营业收入能达到什么水平;⑤ 你未来计划和哪些重要伙伴合作,这将对你的企业发展起到什么作用。

9. 风险管控

没有哪个项目没有风险,在创业计划书里要写清楚项目的风险,如市场风险、经营风险、技术风险、政策风险、团队风险等。创业计划书中不仅要一一列出这些风险,而且要告诉投资人你对这些风险的应对策略是什么。创业团队能够预测风险,并能提供相应的应对策略,不仅可以减轻投资人的疑虑和对风险的担心,而且说明创业团队对市场的理解、对政策的把握都有一定的基础,这些都是投资人非常看重的。看不到风险或盲目乐观是投资人最担心的。

10. 重要附件

这部分应附上营业执照、政策支持文件、意向合作协议、意向投资协议、专利证书、权威检测报告、已发表的论文、新闻报道及创业计划书中陈述的其他数据来源等。

三、熟悉路演要求

(一)认识路演

路演是在公共场所进行演说,推广企业、演示产品、推介理念的活动。路演是创业实践的重要环节。创业团队通过路演向投资人展示自身的投资价值，提高投资人对企业的认知度，这对寻求合作伙伴、寻求融资均有极大的帮助。

路演准备主要包括以下六个方面。

（1）练习用尽可能简洁的语言告诉投资人你的企业的主营业务、盈利模式、产品亮点。

（2）练习展示创业团队核心成员的优势。

（3）练习将风险预测和应对策略展示给投资人，赢得投资人的信任。

（4）练习如何保持条理清晰的风格，以市场前景吸引投资人。

（5）练习用讲故事的方式把客户需求和解决方案形象生动地讲出来，告诉投资人目标客户是谁、项目如何启动、为什么你比其他创业者优秀，展示清晰明了的财务预测。

（6）反复排练表达流程并控制好时间。

拓展链接　▶ **医药项目路演引资**

在政府的牵线搭台下，7家医药健康及生物技术企业登上路演舞台，与多家投资机构代表面对面对接。2024年5月，一场围绕医疗健康及生物技术的创新项目路演在北京昌平"生命谷"中的中关村生命科学园举办，引金融活水浇灌创新。

"我们是一家生物抗癌技术公司，专注于研发新一代偶联技术平台，并基于已设计和研发出更优更多的创新药物并形成管线梯度……"路演人员滔滔不绝地介绍其所在公司的技术成果：抗体偶联药物（ADC）是新型的癌症精准治疗手段，利用抗体先精准定位到癌细胞，然后快速释放细胞毒药物杀死癌细胞，有着特异性度高、副作用小等优势。"我们当前所研发的平台型偶联技术拥有更高的递送效率和更低的副作用，进而能提高药物治疗指数。"他的介绍吸引了多位投资机构代表的关注。"你们拟定针对哪些适应证？""你们有无对外合作意向和海外发展战略规划？""项目的产业化落地及商业化周期有多长？"投资机构代表纷纷发问。通过项目路演帮助有潜力的企业吸引投资机构的关注，是未来科学城吸引金融活水助力创新产业发展的一个缩影。

（资料来源：医药项目路演引资，昌平"生命谷"引金融活水浇灌创新，北京日报）

（二）制作路演PPT

1. 路演PPT的内容

路演PPT的内容是评委、专家及投资人关注的重点，也是创业者最终能否获得投资的关键。一般而言，路演PPT需要展示以下内容。

（1）项目背景。

项目背景大致可以从两个方面介绍。一是创业团队选择这个项目的原因，二是这个项目采用的关键技术及未来的发展趋势。应当讲解得通俗易懂，描述清楚问题的现状及根本原因,最大限度地激起观众的共鸣。

（2）项目简介。

项目简介即对项目进行的简要介绍,主要包含项目的主要内容、创新点、技术水平及应用范围等。

（3）市场需求及行业现状。

需要根据前期的市场调研结果及市场需求预测描述市场增长的趋势,让观众明白该项目在未来会拥有较大的市场需求及良好的发展前景。同时,还需要介绍行业的发展历史、发展趋势,行业内的代表性企业的经营方式,该行业面临的相关问题及当前的解决方案。

（4）核心竞争力。

核心竞争力是指项目能够长期具备竞争优势的能力,是项目特有的、能够经得起时间考验、具有延展性、竞争对手难以模仿的技术或能力。首先要对在技术壁垒、优势资源等方面所做的工作和准备进行说明,证明该项目是别人无法模仿、复制的;其次,要对市场中的直接竞品、替代品进行分析,阐述项目产品的优势所在。

（5）销售策略。

销售策略是指实施销售计划的方式,包括产品、价格、广告、渠道、促销及立地条件等方面,是为了达成销售目的的各种手段的最佳组合。要对销售策略进行详细的介绍,并辅以相关真实数据进行阐述。

（6）财务分析及融资需求。

财务分析能够为投资人评价项目、做出正确决策提供准确的信息依据。创业者需要利用相关财务数据对项目进行财务分析,体现项目的经济潜力。在融资需求部分,应根据项目的未来规划,说明资金的用途,还需说明出让股份的比例。

（7）创业团队。

该部分的内容主要包括创业团队的主要成员、指导教师、行业专家顾问的情况,要紧密围绕项目介绍其专业、履历、经验、在项目中承担的主要职责、为项目做出的实际贡献等。要注意,团队成员应分工明确、构成合理、互补性强。

（8）项目展望。

该部分要介绍创业者对项目的未来设想及想要达成的目标,让投资人了解该项目的具体规划。

（9）证明材料。

在PPT的末尾可以呈现相关证明材料,如专利证书、检测报告、用户报告等,证明路演内容的真实性。

2. 路演PPT的形式

我们要注意遵循以下原则对路演PPT的形式进行设计。

（1）逻辑清晰。

在制作PPT时,要对项目逻辑进行整体梳理,将具体内容按照一定的逻辑进行展示,使观众一目了然。

（2）风格选择。

我们在制作PPT时,需要对PPT的整体风格进行把握。一般而言,PPT的整体风格应保持统一,避免不同风格的混用,给人凌乱之感。

（3）字体选用。

选择适合的字体对于路演PPT的制作非常重要,我们要注意选择具有设计感和商务感的字体。整个PPT最好只使用两种字体,尽量不要超过三种。

（4）素材选取。

PPT的素材一般包括图片素材、图标素材等。在选择素材时,须选用与项目主题相关的,切忌插入与内容无关的素材。也可以将该项目的相关工作过程以照片的形式记录下来,呈现在PPT中。

（5）排版。

我们要将PPT中包含的文字、表格、图片、动画、图标等元素按照一定的原则进行组合,注意相关元素之间的协调性及统一性,突出关键信息,做到详略得当、排列有序。

 思考与讨论

> 你认为项目路演时应该重点说些什么？怎么说？

（三）路演的技巧

1. 语言适宜

语言尽量简洁、精练,保持平稳的语速,少用形容词。要吐字清楚、语句连贯、语速适中、声音洪亮,通过抑扬顿挫强调重点内容,表达要清楚、有节奏、无语病。要做到动作自然、表情大方、亲和微笑,适当使用手势,并随场合、内容、情绪的变化而变化。

2. 增加互动

在演讲中要增加互动,带动投资人积极参与。很多时候投资人愿意跟创业者继续保持交流,不仅是因为项目好,更是因为创业者的表达能力和现场感染力强。

3. 路演人选选择

最好的路演人选是企业的创始人,因为创始人对于项目的把控力强,熟悉整体项目的战略发展布局,在问答环节更游刃有余。

4. 排练

要反复修改和打磨路演方案,做好充分的排练,而不是寄希望于现场即兴发挥。创业路演最好采用现在越来越流行的TED（技术、娱乐、设计）演讲方式。在创业路演中,我们需要面对台下数十位专业投资人,可以借鉴TED公开课的演讲艺术,反复排练自己的路演。

5. 提前试播PPT

一定要提前去路演现场试播PPT并调试,注意控制时间,投资人喜欢时间把控能力强的创业团队。控制时间的另一个好处是可以帮助提炼路演传达的信息,表意明确,冗余信息少,能提高路演的信息传达效率。

6. 少即是多

要做到把握节奏,不平铺直叙,有详有略,重点突出。事前准备好投资人可能会提出的问题的答案,最好能用最简单的逻辑、最精练的语言回答。

卫星互联网测量中的"中国力量"

在第六届中国国际"互联网+"大学生创新创业大赛总决赛冠军争夺赛中,全球六个入围决赛的项目团队通过线上线下互联的形式展开竞技。经过激烈角逐,"星网测通"项目以1310分夺得总决赛冠军。

2008年汶川地震后,灾区的大部分通信设施被毁坏,救援人员肩扛通信设备的场景深深触动了当时正在做本科毕业设计的宋哲(图6-2),她将毕业设计定位在了卫星互联网领域,以解决更多通信问题。"从2014年星链项目横空出世,再到我国提出新基建,卫星互联网正在带领人类大踏步地进入太空Wi-Fi时代。"

图6-2　宋哲在进行路演

宋哲认为,测量就是给卫星做体检,是卫星互联网产业链的关键一环。对卫星进行测量,说起来容易,做起来难。卫星的轨道高度高达数万千米,使得卫星上的微小偏差会被放大为地面覆盖区域的大幅偏离,而想要偏差小,就得测得准。"在准的基础上,卫星测量还要解决通信场景多,通用设备功能弱,测不了;测量流程长,设备效率低,测不快;产线规模大,设备售价高,测不起等问题。"为了解决这些问题,宋哲用12年的时间开拓创新,发明了系列卫星通信测量仪,用一台仪器就能在数百种场景下进行测量,测量效率提升了100倍,为客户节省了90%的成本,真正做到了测得了、测得快、测得起。

宋哲介绍,目前,"星网测通"的设备已可满足国家多个重大项目的急需,保障了神舟飞船宇航员与地面之间天地通话链路的畅通,保证了天通一号卫星能按时飞向太空,填补了北斗系统测量手段的空白。宋哲说:"我的梦想就是想成为像邓稼先一样的科学家,为国家献身,为国家尖端科技发展助力。"宋哲一直将这个梦想铭记在心,践之于行,让世界见证了"中国力量"。

(资料来源:徐德锋,陈群,江一山.大学生创新创业实践与案例[M].武汉:华中科技大学出版社,2021)

分析:

"星网测通"项目在第六届中国国际"互联网+"大学生创新创业大赛总决赛中获得冠军,这一成绩的取得固然与项目本身的价值与发挥的作用有关,但也离不开项目负责人宋哲在路演时的突出表现。目前,我国已形成浓厚的创业氛围和良好的创业生态。在产生创业成果后,我们必须充分思考创业项目的传播方式,并通过精彩的路演表现获得各方的认可,从而推动创业项目的实施。

活动与训练

熟 悉 路 演

观看苹果公司的新产品发布会视频。请几名同学自愿分享心得,每人分享时间为3分钟。

一、制定营销策略

企业想实现发展,必须有好的营销策略。营销就是引导目标用户认可并购买企业的产品。制定营销策略包括制定产品策略、制定价格策略、制定渠道策略和制定促销策略。

(一)制定产品策略

产品策略主要包括商标、品牌、包装、产品定位、产品组合、产品生命周期等方面的具体策略。制定产品策略时应主要关注目标用户、产品定位、商业模式、产品生命周期、产品发展路线等方面。

1. 目标用户

在进行产品规划前,必须先确定产品的目标用户,也就是期望其最终使用产品的细分人群。产品策略的目标就是将更多的目标用户转化为使用用户。所以,在规划产品之前,必须对产品的目标用户进行精准定位和深入调研,做到有的放矢。

 案例6-2

异军突起的瑞幸咖啡

瑞幸咖啡致力于推动精品咖啡商业化,倡导提供更方便迅捷的"咖啡新零售"体验,其店面遍布各大城市的商圈写字楼,用户可通过移动端自由购买,自提、配送均可,这彻底改变了传统业态模式,解决了消费痛点。瑞幸咖啡经营饮品及轻食,其中饮品分为大师咖啡、零度拿铁、瑞纳冰和经典饮品等,轻食分为新鲜沙拉、健康轻食。

为何瑞幸咖啡能在市场中异军突起?

首先,分析市场,可以得出以下结论:我国咖啡市场增速快;我国咖啡市场虽然大,但是可选择的品牌较少;全国的咖啡店总量呈下降趋势。瑞幸咖啡从定

位上解决了这些痛点，标榜自己的品牌定位，并区别于其他同等品牌，以走捷径的方式让广大消费者迅速关注到瑞幸咖啡。

其次，瑞幸咖啡采用了互联网定位模式，以多种方式满足用户的咖啡需求。瑞幸咖啡努力营造了一种差异化效果。从定位来看，瑞幸咖啡使用的有关品质定位的描述共有三个："中国人的高品质咖啡""大师咖啡""专业咖啡新鲜式"。

最后，瞄准精准目标客户群。瑞幸咖啡主要针对工作场景，瞄准的客户群体是生活在一、二线城市，在意生活质量的年轻白领群体，与其他咖啡店进行了鲜明的客户群体区分。

分析：

瑞幸咖啡在产品策略的制定方面努力营造差异化效果，针对我国咖啡市场现状进行精准策划，瞄准一、二线城市的年轻白领，推出适宜的咖啡产品，成功树立起独特的产品形象。

2. 产品定位

产品定位要向目标用户传达产品是什么、产品区别于其他同类产品的核心价值在哪里等信息。产品定位可以帮助我们对产品满足了用户的哪些需求做出更加准确的判断。符合产品定位的需求才会被满足，不符合的需求则会被放弃。

3. 商业模式

如果期望产品将来能够带来现金收益，在制定产品策略时，还要考虑产品的商业模式，也就是产品通过什么方式帮助企业赚钱。

4. 产品生命周期

产品从进入市场开始到退出市场为止的整个过程称为产品生命周期（图6-3）。典型的产品生命周期有四个阶段：导入期、成长期、成熟期、衰退期。导入期主要完善产品的基础功能；成长期主要提升用户体验；成熟期主要扩展周边功能；衰退期主要提出产品退出方案，或对产品进行重新定位，让产品成功转型。

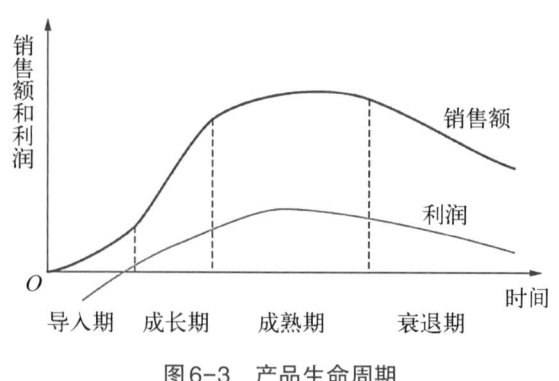

图6-3 产品生命周期

5. 产品发展路线

确定产品发展路线不仅可以让产品的发展更有节奏,而且有利于企业提前对所需资源进行调配,真正做到"兵马未动,粮草先行"。要将产品发展路线分为几个阶段加以规划,注意每个阶段主要的产品工作是什么,要实现哪些产品目标。

(二)制定价格策略

价格策略就是根据消费者不同的支付能力和效用情况,结合产品进行定价,从而获得利润的定价方法。定价方法主要包括成本导向定价法、竞争导向定价法和顾客导向定价法三种。

1. 成本导向定价法

成本导向定价法是以产品的单位成本为基本依据,加上预期利润来确定价格的定价法,是企业最常用、最基本的定价方法。成本导向定价法又衍生出了总成本加成定价法、目标收益定价法、边际成本定价法、盈亏平衡定价法等具体的定价方法。

2. 竞争导向定价法

竞争导向定价法主要包括随行就市定价法、产品差别定价法、密封投标定价法等几种具体的定价方法。

(1)随行就市定价法。

随行就市定价法是指让产品价格保持在市场平均价格水平,利用这样的价格获得平均报酬的方法。采用随行就市定价法,企业不必全面了解消费者对不同价格的反应,也不会在市场中造成产品价格波动。

(2)产品差别定价法。

产品差别定价法是企业通过营销手段,使本企业的产品在消费者心目中树立起不同的形象,进而根据自身特点,选取低于或高于竞争者产品的价格作为本企业的产品价格的方法。产品差别定价法是一种进攻性的定价方法。

(3)密封投标定价法。

密封投标定价法是价格由参与投标的各个企业在相互独立的条件下确定,中标的报价就是产品定价的方法。

3. 顾客导向定价法

根据市场需求状况和消费者对产品的感觉差异确定价格的方法叫作顾客导向定价法,包括理解价值定价法、需求差异定价法、逆向定价法。

(1)理解价值定价法。

理解价值定价法是指企业以消费者对商品价值的理解程度作为定价依据的方法。

(2)需求差异定价法。

需求差异定价法是指产品价格的确定以需求为依据,强调适应消费者需求的不同特性,而将成本补偿放在次要的位置的方法。

(3)逆向定价法。

逆向定价法是不重点考虑产品成本,而是重点考虑需求状况,依据消费者能够接受的最终销售价格,逆向推算出中间商的批发价和生产企业的出厂价格的方法。

（三）制定渠道策略

营销渠道的选择将直接影响到企业的其他决策。渠道策略也是企业成功开拓市场、实现销售收入的重要工具。营销渠道的结构可以分为长度结构、宽度结构及广度结构。

1. 长度结构

营销渠道的长度结构又称为层级结构，是按照其包含的渠道中间商，即渠道层级数量的多少来定义的渠道结构。通常情况下，根据包含层级的多少，可以将营销渠道分为零级渠道、一级渠道、二级渠道和三级渠道（图6-4）。

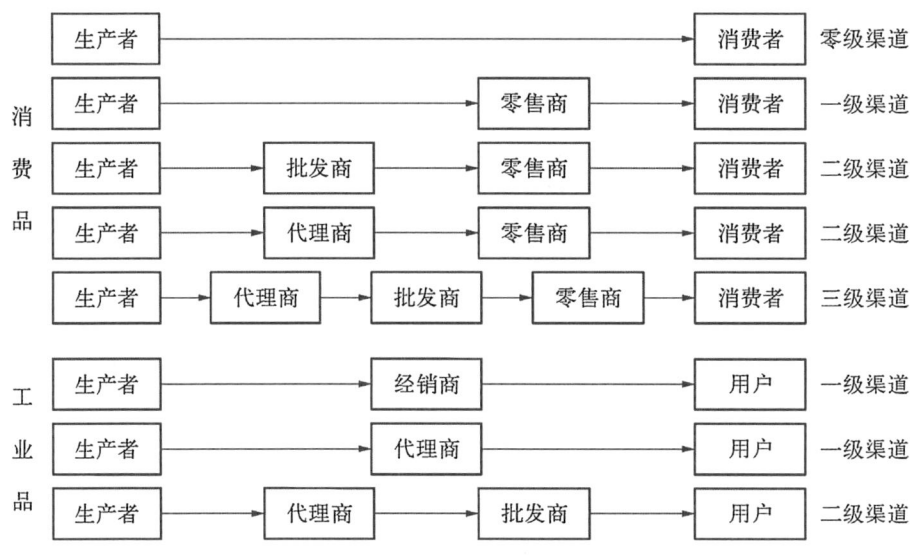

图6-4 根据层级划分的营销渠道类型

零级渠道又称为直接渠道，是没有渠道中间商参与的渠道。在零级渠道中，产品由生产者直接销售给消费者。零级渠道是大型或贵重产品，以及技术复杂、需要提供专门服务的产品的销售采取的主要渠道。

一级渠道包括一个渠道中间商。在工业品市场中，这个渠道中间商通常是代理商或经销商；在消费品市场中，这个渠道中间商则通常是零售商。

二级渠道包括两个渠道中间商。在工业品市场中，这两个渠道中间商通常是代理商和批发商；在消费品市场中，这两个渠道中间商则通常是批发商和零售商。

三级渠道包括三个渠道中间商。这类渠道主要出现在消费面较宽的日用品的销售中。

2. 宽度结构

营销渠道的宽度结构是根据每一层级渠道中间商的数量的多少来定义的渠道结构。根据宽度结构的不同，营销渠道可分为如下三种类型。

（1）密集型分销渠道。

密集型分销渠道也称广泛型分销渠道，是指制造商在同一渠道层级上选用尽可能多的渠道中间商来经销自己的产品的渠道类型。密集型分销渠道多见于消费品领域中的便利品,比如牙膏、牙刷、饮料等的销售中。

（2）选择性分销渠道。

选择性分销渠道是指在某一渠道层级上选择少量的渠道中间商来进行商品分销的渠道类型。在IT产业链中,许多产品都采用选择性分销渠道。

（3）独家分销渠道。

独家分销渠道是指在某一渠道层级上选用唯一一家渠道中间商的渠道类型。在IT产业链中,这种渠道结构多出现在总代理或总分销一级。同时,许多新产品也选择独家分销渠道,在市场广泛接受该产品之后,再从独家分销渠道向选择性分销渠道转变。

3. 广度结构

渠道的广度结构体现了对渠道的多元化选择。许多企业实际上使用了多种渠道的组合,即采用混合渠道进行销售。比如,有的企业针对大型行业客户,在企业内部成立大客户部进行直接销售;针对数量众多的中小企业用户,采用广泛的分销渠道;对偏远地区的消费者,则采用邮购等方式来覆盖。

（四）制定促销策略

企业必须在整体上制定促销策略,以便有效实现预期的促销目标。一般应按照以下步骤制定促销策略。

1. 确定目标市场

哪些人需要你的产品,哪些人会在使用你的产品的过程中受益,这部分人就是你的目标市场所在。只有精准定位潜在用户,才能采取有效的促销手段与之进行营销沟通,并在沟通过程中传达最适合他们的营销信息。

2. 确定促销目标

促销目标就是我们期待潜在用户对促销活动做出的反应。要针对我们期望实现的促销目标确定有效的促销方式与手段。

3. 确定促销信息

促销信息是用于吸引潜在用户的文字和形象设计。在与潜在用户进行促销沟通时,必须以充足的理由表明为什么他们应该对你所传达的促销信息做出反应,企业所提供的产品能够给他们带来的最大的益处是什么,这是促销信息中最关键的内容。

4. 选择促销手段

我们必须选择最有效的促销手段,以便准确传达促销信息。促销手段主要有以下几种。

（1）产品广告:要考虑三个因素——广告成本、媒体的独特性、媒体形象。

（2）销售推广:如有奖竞赛、优惠销售、特供品销售、样品赠送。

（3）公共关系:通过媒体正面的宣传报道,达到提高产品知名度及强化企业形象的目的。

（4）直接营销:与客户进行更具人情味、个性化的沟通。

5. 确定促销预算

确定促销预算的一种方法是在估算竞争对手促销预算的基础上确定企业的促销预

算,另一种更为准确的方法是先将企业计划采用的促销手段列成一份清单,然后根据各项目的收费标准列出总预算,并根据实际情况进行调整,直到预算方案可以接受。

6. 确定促销总体方案

在促销预算确定后,就要编制促销总体方案。必须自始至终协调和整合所采用的各种不同促销手段,这一点对实现促销目标来说非常重要。有详细、可行的促销总体方案是顺利开展营销的前提。

7. 评估促销绩效

对促销总体方案做出评估和调整的目的不仅是调整效果不佳的促销手段,而且是让以后的促销总体方案更有效地为实现促销目标服务。

 思考与讨论

> 一位老太太来到市场买水果。她来到第一个小贩的摊前,问:"这李子怎么样?"小贩回答:"我的李子又大又甜,特别好吃。"老太太摇了摇头,没有买。
>
> 老太太来到第二个小贩的摊前,问:"你的李子好吃吗?"小贩回答:"各种李子我这里都有,您要什么样的?"老太太说:"我要酸一点的。"小贩向老太太推荐了较酸的品种,老太太便买了一些。
>
> 老太太继续在市场中闲逛,看到第三个小贩的摊上也有李子,便问:"李子多少钱一斤?"小贩答应:"您好,您要哪种李子?""我要酸一点儿的。"小贩问:"别人买李子都要甜的,您为什么要酸的?"老太太便回答:"我的儿媳妇怀孕了,想吃酸的。"小贩笑着说:"您对儿媳妇真体贴。我这种李子不但酸,而且富有营养,很适合孕妇吃。"老太太听得很高兴,便又买了一些。小贩一边称李子一边说:"孕妇需要补充维生素。猕猴桃含有多种维生素,特别适合孕妇吃。"老太太听了,不但又购买了猕猴桃,还答应以后经常来这个摊位购买水果。
>
> 请同学们说说:这三个小贩最大的区别是什么? 老太太现在还有哪些需求?

 二 提升客户服务

(一)认知客户服务

客户服务一般分为三类,即售前服务、售中服务、售后服务。售前服务是指企业在销售产品之前为客户提供的服务,如提供使用说明书、提供咨询服务。售中服务是指在产品交易过程中向客户提供的服务,如接待服务、商品包装服务。售后服务是指与所销售产品有连带关系,并且有益于客户的服务,主要包括送货、安装、产品退换、维修、保养、使用技术培训等方面的服务。

（二）提升客户服务的流程

1. 为客户服务确定标准

可以为各类客户体验确定水平标准。例如,客户的等待时间会影响客户体验,而时间长度是可以被定量测量的,所以客户体验也可以被定量测量。

2. 了解客户体验现状和期望

客户体验被测量后,我们就可以了解目前客户的期望被满足的程度,以此为基础,并根据外部市场环境和行业内竞争对手的做法,结合企业自身的能力,明确未来改进的方向和目标。

3. 明确改进策略的主要负责人

客户体验管理最终要落实到个人,建立起承诺体系、动态监控体系和以考核评价为核心的支撑体系,将改进举措的责任具体到个人,避免流于形式。要定期收集客户反馈,掌握客户体验状况,推动服务承诺体系持续优化,建立学习型组织,不断提升客户体验。

4. 利用新技术提升客户服务

移动互联网的普及推动了信息时代的到来,企业与客户间的互动发生了翻天覆地的变化。目前智能互动式语音应答、社交媒体机器人、智能检索系统等均已被投入客户服务流程。随着云计算、大数据、智能终端技术的进一步升级,企业对客户需求的把握能力将空前提升。

（三）服务创新的趋势

满足客户服务需要必须持续开展服务创新。服务创新的发展目前主要存在以下趋势。

1. 新技术产生新服务

云技术应用服务、物联网应用服务、无线移动互联通信服务、环境技术应用服务、新医疗技术的应用服务都是典型的新服务模式。要重点解决通俗性,易用性及与原有设备、技术的兼容性等方面的问题,以整合服务的方式建立一站式服务体系。

2. 文化创造推动娱乐服务增长

文化产业发展与文化事业改革创造了很多新商机,其中一个非常重要的方面是推动了娱乐服务行业的创新发展。娱乐性主题公园、影视屏、线上下互动游戏,社区化娱乐服务,艺术连锁超市,收藏服务等行业均有重大发展,娱乐服务行业面临扩容与升级的双重机会。

3. 设计成为服务发展的新基础

设计扮演了决定产品与服务附加值的核心要素角色。在购买力与生活方式升级导致的消费革命下,设计将成为具有一定规模的B2B服务机制的发展基础。

4. 服务效应进一步显现

不只制造业依靠增加服务含量实现发展,服务业也将依靠增加服务含量来形成新的服务形态,比如第四方物流服务、技术合同管理将由节能环保领域扩展到其他领域,信息咨询会与更多专业服务广泛结合。

5.公共服务外包发展

在社会保障体系建设的过程中,传统公共服务(社区养老服务、公益创投、廉租房社区管理、职业教育与培训等)的内容进一步发展,但在质量与数量上还未能完全满足公众需要。新兴的商业性或公益性外包服务将兴起。

6.服务精细化发展创造空间

服务业进入深度细分的阶段,为各行业的发展创造了极大的空间。如养老行业会区分出高端、中高端、中端、大众端与保障端养老服务,咨询行业会出现针对更多行业的专业咨询,电子商务会更加垂直化。

海底捞的客户服务

与其他餐馆大不相同的是,海底捞是靠服务而不是靠菜品取胜的。海底捞的等位区里通常人声鼎沸,手持号码牌等待就餐的顾客接过免费的水果、饮料、零食,观望屏幕上打出的座位信息;如果是一大帮朋友在等待,服务员会主动送上扑克牌、跳棋之类的桌面游戏,或者请顾客趁等位的时间做个免费的美甲。即使提供的是免费服务,海底捞也同样精心。有时顾客要求更换指甲颜色,服务人员依旧耐心十足。海底捞还提供泊车服务、就餐贴身服务、孕妇服务等,就是这些贴心到极致的服务吸引了更多的人慕名而来排队候餐,也让海底捞成为餐饮行业的标杆企业。

分析:

海底捞的成功验证了一个趋势:提升客户服务将成为未来商业结构中的核心节点。换句话说,未来的商业不再是以产品为导向的,而是以服务为导向的;产品不再是消费的核心,而是达成服务目标的工具。

宝洁公司的产品分析

宝洁公司是全球最大的日用消费品企业之一,其产品包括洗发用品、护发用品、护肤品、化妆品、婴儿护理用品、妇女卫生用品、医药、食品、饮料、织物、家居护理用品、个人清洁用品及电池等。请你通过市场调查,列出宝洁最畅销的10种产品,分析它们的目标市场、市场定位和营销策略,填入表6-1。

表6-1　宝洁公司的产品分析

序　号	产品名称	目标市场	市场定位	营销策略
1				
2				
3				
4				
5				
6				
7				
8				
9				
10				

任务三 防范创业风险

一、创业风险的来源

创业的过程是将某种构想或技术逐步转化为具体的产品或服务的过程，在这一过程中存在几个基本的、相互联系的缺口，创业风险往往直接来源于这些缺口。初创企业刚刚成立，没有足够的资金和资源，面临的风险较大。

（一）融资缺口

有些创业者可以证明其构想或技术的可行性，但没有足够的资金将其商品化，从而给创业带来一定的风险。通常，只有少数天使投资人愿意鼓励创业者跨越这个缺口，因为他们专门进行对早期项目的风险投资。

（二）研发缺口

研发缺口主要存在于凭个人兴趣做出的研究判断和基于市场潜力的商业判断之间。当创业者最初证明特定的科学突破或技术突破可能成为商业化产品的基础时，他仅仅停留在自己满意的论证程度上。然而，在将预想的产品真正转化为商业化产品的过程中，需要完成大量复杂而且可能耗资巨大的研发工作，从而形成了创业风险。

（三）信任缺口

在初创企业中存在两种不同类型的人：技术专家和创业者。这两种人接受不同的教育，对创业有不同的预期，有不同的信息来源和表达方式。技术专家知道哪些内容在技术上是可行的，哪些内容根本无法实现。创业者通常比较了解将新产品引进市场的程序，但当涉及具体项目的技术部分时，他们不得不相信技术专家。如果技术专家和创业者不能充分信任对方，或者不能进行有效的交流，这一缺口会变得更大，带来更大的初创企业风险。

（四）资源缺口

没有资源，创业者即使有了构思也无从实现，创业团队将一筹莫展，创业成功也就无从谈起。在大多数情况下，创业团队不可能拥有所需的全部资源，这就形成了资源缺口。

（五）管理缺口

创业活动主要有两种：一是创业者利用某一新技术进行创业，他可能是技术方面的专业人才，却不一定具备专业的企业管理才能，从而形成管理缺口；二是创业者有某种奇思妙想，可能是新的商业点子，但在产品规划上不具备出色的才能，或不擅长管理具体的事务，从而形成管理缺口。

二、创业风险的类型

创业风险是与创业活动有关的因素造成的不确定性。在创业过程中，创业者要投入大量的人力、物力和财力，要引入和采用各种新的生产要素与资源，要建立或者对现有的组织结构、管理体制、业务流程、工作方法进行变革。在这一过程中必然会遇到各种意想不到的情况和各种困难，从而有可能使结果偏离创业的预期目标。了解创业风险的来源和类型，有利于创业团队控制创业风险。初创企业面对的主要创业风险类型如下。

（一）项目选择风险

创业者如果缺乏前期市场调研和论证，只是凭自己的兴趣和想象决定投资方向，甚至仅凭一时心血来潮做决定，一定会碰得头破血流。所以一定要做好市场调研，在了解市场的基础上选择适合的创业项目。

（二）商业模式风险

好的商业模式必须能够突出一个企业不同于其他企业的独特性，这种独特性表现在它怎样赢得客户、吸引投资人和创造利润上。商业模式的确定是企业发展的起点，如果选择的商业模式不恰当，或根本不可行，会给初创企业造成难以挽回的损失。

（三）实战能力风险

有些创业者眼高手低，当创业计划转变为创业实践时，才发现自己根本不具备解决问题的能力，这样的创业无异于纸上谈兵。我们可以通过岗位实习等社会实践积累相关的工作经验，同时积极参加创业培训，积累创业知识，接受专业指导，提高创业实战能力。

（四）团队管理风险

一些创业者虽然技术出类拔萃，但理财、营销、沟通、管理方面的能力不足，无法管理创业团队。要想创业成功，创业者必须技术、经营两手抓。我们可以从合伙创业、家族创业、电商开店等开始积累团队管理经验。

（五）社会资源风险

企业创建、市场开拓、产品销售等工作中都需要整合社会资源，如果不具备相关资源，或找不到筹集资源的渠道,都会使创业难以为继。我们可以在平时多参加社会实践活动,扩大人际交往的范围,或在创业前先到相关行业工作一段时间,为自己日后的创业积累相关资源。

(六) 现金断流风险

现金流压力会一直伴随着创业团队,是否有足够的资金创办企业是创业者遇到的第一个问题。企业创办起来后,就必须考虑是否有足够的资金支持企业的日常运营。对于初创企业来说,如果连续几个月入不敷出或者有其他原因导致企业的现金流中断,会给企业带来极大的风险。

(七) 人才流失风险

初创企业最主要的力量来源是创业团队,一个优秀的创业团队能使初创企业迅速地发展起来。一旦创业团队的核心成员在某些问题上产生分歧,极有可能对企业造成强烈的冲击。如何防止专业人才及业务骨干流失是创业者应当时刻注意的问题。对那些依靠某种技术或专利创业的企业而言,掌握这一核心技术的专业人才流失是初创企业面临的主要风险。

(八) 市场竞争风险

寻找"蓝海"是初创企业的良好开端,但并非所有的初创企业都能找到"蓝海"。更何况"蓝海"的存在也只是暂时的,所以参与竞争是必然的。如果创业者选择的行业是一个竞争非常激烈的领域,那么在创业之初极有可能遇到同行的强烈竞争。一些大企业为了把小企业吞并或挤垮,常会采用低价销售的手段。对于大企业来说,由于实力雄厚,短时间的降价并不会对它造成致命的伤害,而对初创企业而言则可能意味着死亡的风险。因此,考虑好如何应对来自同行的残酷竞争是创业团队要做好的必要准备。

(九) 企业信誉风险

企业信誉风险直接关系到企业的生机和活力。企业信誉风险主要是指企业和社会上与企业有联系的各个利益主体在经济往来活动中产生的信誉风险,主要有企业产品信誉风险、企业服务信誉风险、企业财务信誉风险、企业法律信誉风险、企业社会责任信誉风险等。

企业信誉风险从产品维度来看,包括产品质量问题、生产和销售假冒伪劣产品、价格欺诈、发布虚假广告、企业商标侵权、产品专利技术侵权等引发的风险;从服务维度来看,主要包括服务态度不好、服务质量差、服务效率低等引发的风险;从财务维度来看,主要包括企业披露虚假财务信息、企业拖欠有关部门的贷款和税款等引发的风险;从法律维度来看,主要包括企业不认真履行经济合同、企业钻法律的空子而受到谴责等引发的风险;从社会责任维度来看,主要包括企业在生产中没有环保意识、企业缺乏社会责任感等引发的风险。

活动与训练

撰写初创企业案例分析

每5～7名同学为一小组,寻找一位创业者校友,撰写一份关于校友建立的初创企业的案例分析(表6-2),并与其他同学分享所得。

表6-2 初创企业案例分析

企业名称:

产品形态:

营销策略:

客户服务:

风险管控:

对校友初创企业未来发展的优化建议
(1)定义产品形态:

(2)制定营销策略:

(3)升级客户服务:

(4)控制创业风险:

主要参考文献

［ 1 ］ 王仲宙. 开启职场之路：大学生就业与创业指导［M］. 厦门：厦门大学出版社，2024.

［ 2 ］ 刘露. 从创意到创业：大学生创新创业实践指导［M］. 合肥：合肥工业大学出版社，2023.

［ 3 ］ 陈勇. 高校学术研究成果丛书：大学生就业创业技能指导与研究［M］. 北京：中国书籍出版社，2023.

［ 4 ］ 韩秀云. 就业赛道怎么选［M］. 北京：国际文化出版公司，2023.

［ 5 ］ 席佳颖，储克森，段丽华. 职业、就业指导及创业教育［M］. 5版. 北京：机械工业出版社，2022.

［ 6 ］ 彭健. 走出创业与创业投资的误区［M］. 北京：知识产权出版社，2022.

［ 7 ］ 崔西，汤普森. 从创业到卓越［M］. 赵竞欧，译. 北京：中国科学技术出版社，2022.

［ 8 ］ 刘怡，乔岳. 创新创业新思维［M］. 济南：山东教育出版社，2022.

［ 9 ］ 张成刚. 就业变革：数字商业与中国新就业形态［M］. 北京：中国工人出版社，2020.

［10］ 丁丽芸，林可全，马军. 现代经济发展与就业规划［M］. 哈尔滨：哈尔滨出版社，2020.

［11］ 蒋家胜，范华亮. 成功就业［M］. 天津：天津科学技术出版社，2019.

［12］ 蒋文珍，张青松，张艳. 就业指导与创业教育［M］. 成都：电子科技大学出版社，2019.

［13］ 本书编委会. 创新职业指导新理念［M］. 2版. 北京：中国劳动社会保障出版社，2016.

［14］ 陈姗姗，吴华宇. 大学生职业生涯规划与就业指导［M］. 重庆：重庆大学出版社，2014.

［15］ 吴运迪. 大学生创业指导［M］. 北京：清华大学出版社，2012.

［16］ 赵红英. 中小企业管理［M］. 北京：机械工业出版社，2012.

［17］ 孙金海，蒋兆峰. 大学生创业教育［M］. 北京：化学工业出版社，2011.

［18］ 雷五明，李坚评. 大学生就业指导［M］. 北京：中国人民大学出版社，2010.

［19］ 张晓丹，何代忠. 大学生就业指导案例汇编［M］. 北京：清华大学出版社，2010.

［20］徐振轩. 就业指导与创业教育［M］. 2版. 北京：电子工业出版社，2009.

［21］谢元锡. 大学生职业素质修养与就业指导［M］. 北京：清华大学出版社，2007.

［22］张玉樑. 职业道德与就业指导［M］. 北京：电子工业出版社，2006.

［23］林永和. 毕业生就业指导［M］. 北京：经济管理出版社，2006.

［24］李家华，黄天贵. 职业指导［M］. 北京：高等教育出版社，2005.

［25］宦平. 职业指导［M］. 2版. 北京：中国劳动社会保障出版社，2005.

［26］杨树亮，张国献，贺玉兰，等. 大学生就业指导［M］. 北京：中国经济出版社，2005.

［27］国际劳工组织北京局. 创办你的企业：创业意识培训册［M］. 北京：中国劳动社会保障出版社，2003.

［28］国际劳工组织北京局. 创办你的企业：创业计划培训册［M］. 北京：中国劳动社会保障出版社，2003.

［29］国际劳工组织北京局. 创办你的企业：创业计划书［M］. 北京：中国劳动社会保障出版社，2003.

［30］江瑜. 求职转业宝典［M］. 北京：蓝天出版社，2003.

［31］王艺荣. 求职与创业［M］. 北京：机械工业出版社，2001.

［32］钟泽胜，魏美珍. 渐入佳境：30天完成学生到职员角色的转换［M］. 北京：中国时代经济出版社，2002.

郑重声明

高等教育出版社依法对本书享有专有出版权。任何未经许可的复制、销售行为均违反《中华人民共和国著作权法》，其行为人将承担相应的民事责任和行政责任；构成犯罪的，将被依法追究刑事责任。为了维护市场秩序，保护读者的合法权益，避免读者误用盗版书造成不良后果，我社将配合行政执法部门和司法机关对违法犯罪的单位和个人进行严厉打击。社会各界人士如发现上述侵权行为，希望及时举报，我社将奖励举报有功人员。

反盗版举报电话　（010）58581999　58582371
反盗版举报邮箱　dd@hep.com.cn
通信地址　北京市西城区德外大街 4 号　高等教育出版社知识产权与法律事务部
邮政编码　100120

　　感谢您使用本书。为方便教学，我社为教师提供资源下载、样书申请等服务，如贵校已选用本书，您只要关注微信公众号"高职素质教育教学研究"，或加入下列教师交流QQ群即可免费获得相关服务。

"高职素质教育教学研究"公众号

资源下载：点击"**教学服务**"—"**资源下载**"，或直接在浏览器中输入网址（http://101.35.126.6/），注册登录后可搜索下载相关资源。（建议用电脑浏览器操作）

样书申请：点击"**教学服务**"—"**样书申请**"，填写相关信息即可申请样书。

样章下载：点击"**教材样章**"，可下载在供教材的前言、目录和样章。

师资培训：点击"**师资培训**"，获取最新直播信息、直播回放和往期师资培训视频。

📍 联系方式

职业素养和创新创业教师交流QQ群：310075759

联系电话：（021）56961310　电子邮箱：3076198581@qq.com